U0916058

陕西出版资金资助项目

中国与“一带一路”发展系列研究丛书
丛书主编　冯宗宪

“一带一路”战略下中国与欧亚金融合作

主编　沈悦

西安交通大学出版社
XI'AN JIAOTONG UNIVERSITY PRESS

图书在版编目（CIP）数据

“一带一路”战略下中国与欧亚金融合作/沈悦主编．—西安：西安交通大学出版社，2015.9

ISBN 978-7-5605-7864-4

Ⅰ．①一… Ⅱ．①沈… Ⅲ．①金融-国际合作-研究-中国、欧洲 ②金融-国际合作-研究-中国、亚洲 Ⅳ．①F832.6②F835.06③F833.06

中国版本图书馆 CIP 数据核字（2015）第 206139 号

书　　名　“一带一路”战略下中国与欧亚金融合作
主　　编　沈　悦
责任编辑　柳　晨

出版发行　西安交通大学出版社
（西安市兴庆南路 10 号　邮政编码 710049）
网　　址　http：//www.xjtupress.com
电　　话　（029）82668357　82667874（发行中心）
（029）82668315（总编办）
传　　真　（029）82668280
印　　刷　中煤地西安地图制印有限公司

开　　本　787mm×1092mm　1/16　**印张** 13.75　**字数** 200 千字
版次印次　2016 年 9 月第 1 版　2016 年 9 月第 1 次印刷
书　　号　ISBN 978-7-5605-7864-4/F・551
定　　价　69.00 元

读者购书、书店添货、如发现印装质量问题，请与本社发行中心联系、调换。
订购热线：（029）82665248　（029）82665249
投稿热线：（029）82668526
读者信箱：xjtu_hotrecding@sina.com

版权所有　侵权必究

丛书编委会

（以姓氏汉语拼音为序）

陈浪南	樊秀峰	方兰	冯根福	冯涛
冯仲平	冯宗宪	郭继荣	郭菊娥	胡健
黄民兴	黄伟	黄建忠	贾毅华	雷家骕
李国平	李树民	李琪	李琪（女）	李忠民
林桂军	任保平	沈悦	宋丽颖	孙慧
孙启鹏	孙早	单文华	石泽	唐宜红
佟家栋	汪应洛	王宏波	王晓芳	王增涛
王维然	魏玮	薛伟贤	姚慧琴	朱跃中

本册编委会

主　编　沈　悦

参　编　马俊国　王　飞　袁　伟
　　　　支　彦　郭　品　张　澄
　　　　张冬阳　马续涛　郭一平
　　　　杨东静　杨丹丹

序 言

千百年来，不同的文化在古丝绸之路上交相辉映、相互激荡，积淀形成了世人共知和推崇的和平、开放、包容、互信、互利的丝绸之路精神，而且不断注入新的时代内涵。作为多元文明碰撞与交流的遗产，丝路精神并非中国独享，它一直是全人类的共同财富。

2013 年 9 月和 10 月，中国国家主席习近平在分别出访哈萨克斯坦和印度尼西亚期间，倡议用创新的合作模式，共同建设丝绸之路经济带和 21 世纪海上丝绸之路的合作构想。“一带一路”构想高瞻远瞩、审时度势，对密切中国同中亚、南亚和东南亚以及欧亚非国家和地区之间的经济贸易关系，深化区域交流合作，统筹国内国际发展，实现陆海共济，维护周边环境安全，拓展中国对外开放的巨大空间，展现中国梦和促进世界各国共同繁荣都有着重大的意义。

“一带一路”构想具有十分丰富的内涵，它体现了对古丝绸之路精神的继承和发扬。2000 多年的交往历史证明，坚持丝绸之路精神，不同种族、不同信仰、不同文化背景的国家完全可以共享和平、共同发展。在建设丝绸之路经济带和 21 世纪海上丝绸之路的今天，更需要将丝绸之路承载的和平合作、开放包容、互学互鉴、互利共赢精神薪火相传，发扬光大，在世界文明交流史上续写灿烂新篇章。中国的“一带一路”倡议，以经济和人文合作为主线，充分体现了互信和互利的精神。“一带一路”，从陆地到海上，从区域双边、诸边到国际多边，从国内到国际，展开跨地域、广泛深入的国际合作与发展项目对接；它要实现从人文交流、交通通道到经济、贸易和金融乃至政策等不同层面的相通，要使星罗棋布的沿线城市、产业园、自贸区等相互连接，达到全面高效的互联互通。通过投资、技术及产业转移，“一带一路”建设将提升改善沿线国家的产业结构和贸易结构，推进区域经济一体化，推动区域及跨区域的绿色、健康和可持续发展；使沿线各国形成利益共同体、责任共同体和命运共同体。“一带一路”以开放多元的特征推进区域合作的进程，有助于为全球经济复苏和发展提供新的动力，有助于形成更加公平的世界经济秩序，也有助于提升全球经济治理的水平和效率。

“千里之行，始于足下”。知往鉴今，在通往成功的道路上，往往分布着不少的荆棘与坎坷。昔日西汉张骞出使西域，创凿空之举，其行程万里，沿途历尽千难万险，备尝艰辛。今天，论建设“一带一路”的物质条件，若与数千年前相比，毕竟要好得多了。然而在实施过程中依然会面临各种自然环境、政治、经济、交通、文化等多重风险和挑战，对此，走出去的企业应当具有充分的心理应对准备，同时需要依靠大学、智库和科研机构开展前瞻性的科学研究和政策研究，以资参考和咨询。

古代长安是古丝绸之路的起点，它已成为中国古代对外开放的历史象征，有着难以磨灭的历史光辉。在中华民族走向伟大复兴的新形势下，西安作为周秦汉唐等十三朝古都和现代国际化城市的结合体，对丝绸之路经济带和21世纪海上丝绸之路的建设有着特殊的地理坐标指引和重要节点的支撑作用。在这里，我们高兴地邀请到国内外一批对“一带一路”有着浓厚兴趣、学有专长和志同道合的学者专家，分别从国际经济、政治、历史、贸易、金融、能源、交通、旅游、文化等不同领域进行专题研究，在国家社会科学基金项目、国家自然科学基金项目、陕西出版资金等基金项目的支持下，依托西安交通大学出版社，来共同合作完成“一带一路”发展丛书。

“不积跬步，无以至千里；不积小流，无以成江海”。我们愿共同努力，使这套发展丛书能够为“一带一路”合作发展研究作出微薄的贡献；我们也期待着，“一带一路”这一宏伟蓝图在各国互信合作中得以逐步实现，真正造福世界各国人民。

冯宗宪

2015年7月

前　言

2016年的全球金融市场注定是不平凡的！英国人扇了扇“翅膀”，就掀起了一场席卷全球的金融飓风。北京时间2016年6月24日，英国通过全民公投宣布脱离欧盟。这一消息就像一只巨大的黑天鹅扇着其巨大的飓风一样的翅膀飞向全球，令世界震惊。当天，英镑暴跌（英镑对美元汇率跌至1美元兑1.3459英镑，创1985年以来新低；英镑兑日元下跌15%），黄金怒涨（国际现货黄金上涨100美元，涨幅超过8%，创2008年以来最大单日涨幅），全球股市哀鸿遍野（英国富时100股指期货跌10%；法国CAC股指期货跌10.1%；德国DAX指数期货跌9.3%；日经指数期货在大阪跌8.1%，并触发熔断）。

就在世界经济发展格局由20世纪80年代以来的“全球化”显现出“碎片化”趋势时，近年来，中国的对外开放战略也发生了方向性变化，由改革开放以来的主要“向东开放”转变为在向东开放的同时大踏步“向西挺进”。2013年9月和10月，习近平主席在出访中亚和东南亚国家期间，先后提出共建“丝绸之路经济带”和“21世纪海上丝绸之路”（简称“一带一路”）的战略构想，得到国际社会高度关注。在2013年9月第十届“中国—东盟博览会”上，国务院总理李克强强调，加快“一带一路”建设，有利于促进沿线各国经济繁荣与区域经济合作，加强不同文明交流互鉴，促进世界和平发展，是一项造福世界各国人民的伟大事业。

为推进“一带一路”战略，让古丝绸之路焕发新的生机活力，以新的形式使亚欧非各国联系更加紧密，互利合作迈向新的历史高度，2015 年 3 月 28 日，国家发展与改革委员会、外交部、商务部联合发布了《推动共建丝绸之路经济带和 21 世纪海上丝绸之路的愿景与行动》（简称《愿景》），提出了“一带一路”战略的时代背景、共建原则、框架思路、合作重点以及合作机制等。因此可以说，“一带一路”战略是中国在新时期提出的一项重大国家战略，顺应了当今国际经济一体化发展的趋势，具有重要的时代意义。

“五通”（即政策沟通、设施联通、贸易畅通、资金融通、民心相通）是“一带一路”战略的核心架构。其中从资金融通角度看，在如今的大国博弈过程中，金融因素占据着越来越重要的地位，一国能否有效控制国际资本流动，会在很大程度上影响其他战略的实施效果和国家战略的整体推进。比如，强大的军事支持固然不可或缺，但资金融通更能体现一国的软实力。为配合“一带一路”战略的实施，2014 年丝路基金设立，2015 年亚洲基础设施投资银行（以下简称“亚投行”）成立。这表明中国政府将利用金融市场直接支持“一带一路”建设。就丝路基金看，目前总规模为 400 亿美元，未来还可基于行业和地域设立子基金。通过建立丝路基金，建设融资平台，打破亚洲互联互通的瓶颈，为“一带一路”沿线国家基础设施、资源开发、产业合作和金融合作等与互联互通有关的项目提供投融资支持。就亚投行看，目前中国的巨额外汇储备是亚投行设立的坚实基础，同时通过各成员国出资也可聚集一笔资金用于沿线各国的经济建设，为实体经济服务。

具体来看，通过深化中国与欧亚各国的金融合作，可以为“一带一路”战略沿线国家带来一系列好处：如扩大沿线国家双边本币互换、结算的范围和规模。推动亚洲债券市场的开放和发展；共同推进亚洲基础设施投资银行、金砖国家开发银行筹建，有关各方就建立上海合作组织融资机构开展磋商；加快丝路基金组建运营；深化中国—东盟银行联合体、上合组织银行联合体务实合作，以银团贷款、银行授信等方式开展多边金融合作；支持沿线国家政府和信用等级较高的企业以及金融机构在中国境内发行人民币债券；符合条件的中国境内金融机构和企业可以在境外发行人民币债券和外币债券，鼓励在沿线国家使用所筹资金。因此可以说，加强中国与欧亚各国之间的金融合作是“一带一路”战略顺利推进的重要支撑。

事实上，中国与欧亚各国的金融合作历史远远早于“一带一路”战略的推出。特别是当人类进入20世纪90年代以来，中国与欧亚各国之间的经济金融合作就日益密切，并取得了很大成绩，合作途径和方式正在不断增多，为进一步加强中国与欧亚各国之间的金融合作提供了坚实基础。如中国人民银行于20世纪90年代初就通过参与东亚及太平洋中央银行行长会议组织（EMEAP）、东盟与中日韩（10+3）金融合作机制等区域合作机制，增加了与相关国家和地区的沟通交流，提升了我国在区域金融合作中的参与力度。在EMEAP机制下，1995—1997年间，鼓励成员间签署双边美元国债回购协议，共同抵御危机影响。又如2007年成立了副行长级别的货币与金融稳定委员会，逐步构建了区域危机管理框架。定期发布宏观监测报告，关注全球及地区经济金融风险。2010年9月，我国领导人首次正式提出设立上合组织开发银行（上合银行）的倡议。此后，上合组织各成员国领导人多次重申支持设立上合银行，绝大多数成员国积极响应该倡议。2015年1月1日，欧亚经济联盟正式启动。虽然欧亚联盟的前景仍需观察，但构建欧亚联盟是相关国家的合理选择。欧亚联盟在中国周边诞生，无疑会对中国产生许多潜在影响。中国必须理性看待欧亚联盟建设对中国及中国与上海合作组织关系的影响，前瞻性的思考与欧亚联盟的合作，明确合作战略，确立合作重点，确保多层次合作关系并行不悖的发展。我们坚信，随着“一带一路”战略的推进，中国与欧亚各国之间的金融合作必将越来越频繁。

在这种背景下，基于中国与欧亚金融合作的基础和“一带一路”战略的实施，研究中国与欧亚金融合作的理论基础、合作条件、合作现状、今后面临的机遇和挑战以及开展金融合作的空间、实现条件，特别是英国脱欧、全球金融市场出新的发展格局后，如何推进中国与欧亚各国的金融合作，进而推动经济发展等已经成为一个需要认真研究的重要问题。正是在这种历史背景下，我们萌生了研究中国与欧亚金融合作的想法，构思并完成了这本《中国与欧亚金融合作研究》的书稿。当然，由于时间、水平所限，这本书可能还未达到读者的理想目标，在此深表歉意。

作为主编，我非常感谢西安交通大学出版社给予我们的好机会和大力支持，能够使我们在充分交流思想、密切开展协作的环境中各司其职，广泛搜集各种信息、认真查阅各种资料，集中精力编写好每一章的内容，最终使得本书能够及时与读者见面。全书共分为十章，参与编写的人员和具体分工如下，第一、二、十章：沈悦；第三章：王飞、郭品；第四章：袁伟、杨丹丹；第五章：李涛、杨东静；第六章：周颖、马续涛；第七章：赵军、郭一平；第八章：张澄、段鑫；第九章：张冬阳、马俊国。

沈　悦

2016 **年** 6 **月** 25 **日**

于西安大雁塔脚下

目　　录

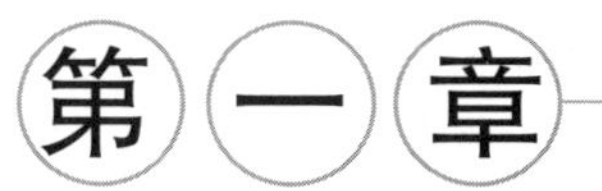

第一章 中国与欧亚金融合作的理论基础

2000多年前（汉武帝建元元年，公元前140年），张骞出使西域，开辟了一条横跨亚欧的政治、经济、文化交流大通道——“古丝绸之路”。经过长时间发展，古代先人开创的古丝绸之路已经由单纯的“商旅路”被拓展成了一条“经济带”，使得欧亚商贸通道实现了质的跨越，辐射的范围广泛，涵盖的内容更是丰富。丝绸之路经济带将联动亚欧，涵盖30亿人口，是一个非常有潜力的巨大市场。如今正重新打通阻滞多年的亚欧经济动脉，实现各国交通、贸易、投资以及金融领域的互联互通，将来一定会绘出惠及丝绸之路经济带沿线各国的，甚至是影响更深远的亚欧经济合作新版图。

第一节 相关概念界定

随着世界经济一体化、金融全球化的不断深入，国际金融合作的理论和实践在不断发展完善，与此同时，金融危机的频繁爆发也对国际金融合作产生了内在的驱动力。如何正确理解和认识中国与欧亚金融合作的含义显得尤为重要。理论研究要想做到“有的放矢”，概念解析是第一步工作，概念就是研究之“的”，只有科学准确地把握基本概念，才能更深入地开展研究工作。区域金融合作问题涉及的相关概念较多，就“区域金融合作”一词而言，我们可以将其分解为“国际合作”“金融合作”“国际金融合作”“区域合作”“区域金融合作”等若干概念，但这些概念均由“合作”一词为根派生而来，只因划分标准和层次而异，相互交合。为了科学、准确地把握各相关概念之间的关系，我们可以作出相关概念的逻辑结构图帮助理解。

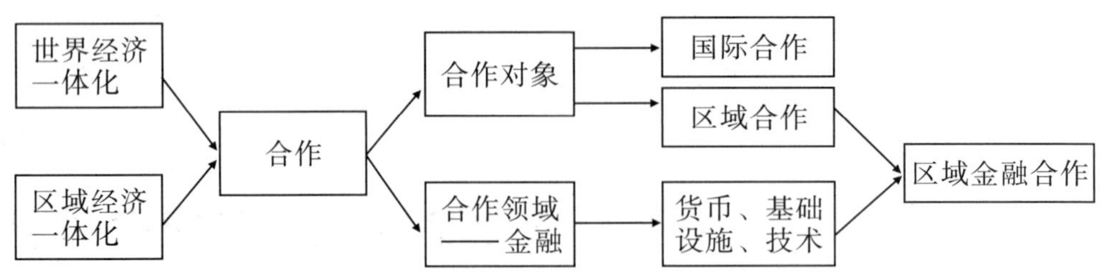

图 1－1　概念之间的逻辑关系

区域金融合作处于概念逻辑结构图的最末端，不难看出，要想认识和把握这一核心概念，必须科学地分析和梳理其前向的各相关概念。我们先就经济一体化、合作、国际合作、国际金融合作与区域金融合作等概念加以分析。

一、经济一体化

1. 世界经济一体化

国际金融合作建立在世界经济一体化的大背景下。经济一体化是指两个或两个以上的国家在现有生产力发展水平和国际分工的基础上，由政府间通过协商缔结条约，建立多国的经济联盟。在这个多国经济联盟的区域内，商品、资本和劳务能够自由流动，不存在任何贸易壁垒，并拥有一个统一的机构，来监督条约的执行和实施共同的政策及措施。根据各参加国的具体情况和条件以及它们的目标要求，其具体形式有：特惠关税区，是指在成员国之间相互给予关税减让的优惠待遇。特惠关税区的税率比最惠国税率还低，但成员国之间仍有一定程度的关税存在。自由贸易区，是指由签订自由贸易协定的国家组成的贸易区。成员国之间免征关税和取消其他贸易限制，但对区外国家仍保持各自的关税和限额。共同市场，是指在关税同盟基础上实现生产要素的自由流动，在同盟内建立关税、贸易和市场一体化。经济联盟，是指经济一体化的最终发展目标和最高级的形式。它要求其成员国在实现关税、贸易和市场一体化的基础上，建立一个超国家的管理机构，在国际经济决策中采取统一立场，行使统一的货币制度和组建统一的银行机构，进而在经济、财

政、货币、关税、贸易和市场等方面实现全面的经济一体化。

2. 区域经济一体化

区域经济一体化是二战以后世界经济发展过程中一个十分突出的现象和趋势，它与区域金融合作是同属一个过程的包含关系。所谓“区域”是指一个能够进行多边经济合作的地理范围，这一范围往往大于一个主权国家的地理范围。“区域”主要体现在邻近性、相似性、包容性、互动性和相互依存性。邻近性指的是地缘邻近，地理位置毗邻的国家组成具有鲜明地理特征的区域；相似性指的是这些国家在政治、经济、社会、文化以及历史等方面相似，由此产生认同感；包容性指的是这些国家能够互相容纳，合作共事；互动性指的是相互交往频繁，联系紧密；相互依存性指的是这些国家基本利害一致，休戚相关。

中国与欧亚的金融合作应该可以被称作是区域经济一体化的一种体现，区域经济一体化的定义是：在具有某种属性的国际区域内，随着区域内各国经济相互融合的加深而逐渐消除各国之间贸易壁垒以及阻碍生产要素跨国界自由流动的歧视性政策，并且通过签订协议形成具有一定超国家权力的区域经济组织的过程。区域经济一体化包括了区域内跨国界的商品和生产要素的自由流动，即国际贸易、国际直接投资、国际金融市场融资的扩大和国际经济技术合作与生产分工的深化；也包括了区域内国家在贸易政策（关税和非关税壁垒的削减或拆除）、财政政策（赤字和公债规模控制、政府采购的公开化和非歧视性、国际税收协调）和货币政策（通货膨胀控制、利率控制、汇率干预）等宏观经济政策上的协调以及建立起超国家的具体制度、协调机制和地区经济一体化组织。

二、国际合作

合作是人类实践活动中相互作用的一种基本形式（另一种基本形式是竞争）。但是何谓“合作”，在不同的学科、领域中也是各有不同，没有一个公认的定义。其中对国际合作的理解就有许多不同的版本，概括起来，主要有以下几种看法：

一是指在一定领域内利益和目标基本一致或部分一致的各国际关系行为主体所进行的不同程度的协调和联合。

二是指国际关系行为主体全面或局部的协调、联合等协力行为，是一种相互适应，它是基于各行为主体在一定领域和范围内利益或目标的基本一致或部分一致。利益一致的范围和程度决定了可能合作的范围和水平，一般来说，国际合作建立在自愿互利的基础之上。

三是国际合作是一个过程，在这一过程中，因为政策协调的结果，各国政府实际奉行的政策，被其他政府视为能够促进自己目标的实现。

四是国际合作被定义为一组关系，这组关系不是建立在压制或强迫之上的，而是以成员的共同意志为合法基础。联合国、欧盟这样的国际组织便是如此，国家成为国际组织或国际机制的成员后，它们可能会发展合作关系。

三、金融合作与国际金融合作

金融合作是指国际区域组织与主权国家之间以防范金融风险、提高投资效益和贸易利益为主要目标采取协调一致的金融政策和实行互利的金融行为。根据区域范围和影响力的差异，按照合作的地域范围和影响力不同，国际金融合作可分为全球性的金融合作和区域性的金融合作。前者是指全球范围内国际经济、金融组织与各主权国家以及各主权国家之间在货币金融领域中所实行的合作。它既包括全球性经济组织框架下的金融合作，也包括由主要国家及地区进行的对全球经济有重大影响的协调，如G7会晤机制和OECD框架下的金融合作。后者是指一定地区内的有关国家和地区在货币金融领域中所实行的合作，例如，欧洲货币合作、拉丁美洲“美元化”趋势和东亚金融合作等。

国际金融合作作为国际合作的一种重要形式，赵长峰博士将其界定为：国际金融合作是指国际经济、金融组织与各主权国家以及各主权国家之间，通过相互间的信息交流、磋商与协调，在金融政策、金融行动等方面采取共同步骤和措施，达到减少金融体系风险、防止金融问题累

积以破坏宏观经济效率、保护消费者、培育金融市场的有效机能以及预防犯罪分子和恐怖分子滥用金融体系的目的。

其具体形式有国际货币合作、国际金融机构合作、金融基础设施合作、金融创新合作、金融技术合作、金融稳定合作。其中国际货币合作指两个或两个以上国家和国际组织在充分认识到彼此货币关系相互依赖前提下，在货币政策、汇率政策、外汇市场干预、国际收支调节、储备政策、货币合作发展战略与机构等货币金融方面所进行的互动性、协作性或统一性行动，目标是寻求在合作各方都能接受的条件下使合作集团的整体利益最大化并最大限度地均等化，其中心是维持外汇市场的稳定。这种合作是国际货币体系中日益独立而重要的方面，是政府层面的国际经济政策协调的一部分，是国际关系中一个举足轻重的方面，是国际经济法中一个日趋重要的领域。国际基础设施合作指双方银行业金融机构、证券业金融机构和保险业金融机构在技术合作、业务合作、确立战略伙伴关系、合资公司和直接参股或控股等形式多样的渐行渐近、由外向内，直至融合的不同层次的多样化过程。

四、区域金融合作

区域金融合作是具有某些属性的国际区域内的主权国家或国家集团之间，为了适应国际政治经济环境的变化，实现各自国家利益或区域共同利益，在货币金融领域进行的各种相互沟通、磋商、协调、支持和联合的行为，以形成一系列正式的或非正式的制度安排，它属于国际区域经济一体化进程的一个重要组成部分，国际区域经济一体化为它的产生提供了基础和动力，而国际区域金融合作又进一步推动了国际区域经济一体化的进程。

区域金融合作从合作内容上，可区分为狭义和广义两种。狭义的区域金融合作即区域货币合作，区域各国货币当局通过在汇率协调和联动机制、汇率目标区、统一货币等方面进行协调和合作，实现双边或多边汇率的稳定和金融体系持续稳定安全的发展。广义的区域金融合作除了包含狭义的区域货币合作以外，更加强调金融体系的发展和金融稳定方面的合作，包括货币、金融的运行与发展、金融危机的管理、相互之间市场的结合、支付结算系统的建立、金融体制的转换等微观与宏观上的政策互助、互惠互利、商业性条约，甚至还包括简单的人力资源培训、信息和观点交流等方式，是区域内双方或多方的金融产业与金融产业的相关部门间的交流、合作、协调与互利机制。

区域金融合作是在一个互惠互利的模式下产生的机制，这种关系是因为区域内的金融机构间有关联性与合作的必要性。它是一种主动的意愿的金融互动模式。基本上在区域金融学中的区域金融合作都是承认区域内有金融机制上的差异，并非要求严格的一体化，而是有弹性有包容性地在增加各方区域内竞争力的同时，通过合作提高彼此的收益。区域金融的合作可以是长期的、全面的，也可以是临时的、部分的，因此在合作的强度与内容上并没有统一的标准。区域内的金融合作与金融一体化基本上是有差异的，区域一体化是区域内的金融机制以统一格式替代个别差异，而区域金融合作是异中求同。因此，我们可以说区域金融合作是达成区域金融一体化的必然程序，而金融一体化是区域金融合作的终极目标。

对于国际区域金融合作概念的理解，还要作出两点必要的说明：

第一，从动态角度看，国际区域金融合作可以表现为一个过程，是一个国际金融制度变迁和合作主体的博弈过程；从静态角度看，国际区域金融合作也可以表现为一种结果，是制度变迁之后达成的制度安排和合作主体博弈的均衡结果。

第二，国际区域金融合作的性质、形式和范围呈现多样性和灵活性。例如：从合作性质来看，有主动性合作或被动性合作、对称合作或非对称合作、单边依附合作或多边互动合作、正式合作或非正式合作等；从合作形式来看，有比较低级的交流、磋商，也有比较高级的协调、妥协、联合等；从合作范围来看，存在着各个领域、各个地域和各个层次范围的合作。

第二节　区域经济发展相关理论

一、相关基础理论

区域经济发展的相关理论基础主要有：比较优势理论、均衡发展理论、不均衡发展理论等。

1. 比较优势理论

在比较优势理论中，主要包括绝对优势理论、相对优势理论和要素禀赋理论三个流派，下面分别进行分析。

（1）绝对优势理论

绝对优势理论（Absolute Advantage）又被称为绝对成本优势理论，最早由亚当·斯密提出，研究视角主要从国际分工与贸易理论展开。亚当·斯密认为，各国应该以自己国家所拥有的绝对优势为基础，进行产业分工（在当时，斯密主要研究的是制造业如何分工）。产业分工的前提是参与分工的国家所要或已经从事的产品的生产是该国能够在具有本地优势的产品上进行低成本生产，最后实现专业化分工。产业分工之所以会产生是由于人类存在“要求互相交换倾向”，即建立在分工基础上的交换，使得“别人所需的物品，他能予以充分供给；他自身所需的，别人亦能予以充分供给，于是社会各阶级普遍富裕。”斯密从一般制造业工厂内部的分工开始，进而分析了国家之间的产业分工。通过研究得出了关于绝对优势的一般性研究结论，即各国在不同产品的生产上大多都拥有某种优势，不同国家分别进行专业化生产具有绝对优势的产品并用来同其他国家进行产品交换是其必然选择。这被称为是斯密的绝对优势理论。

斯密的绝对优势理论是完全建立在某国（或某地区）对某种产品生产的高效率、低成本上的，从而进一步演化为产品的低价格。在该理论中，价格机制是市场配置资源的核心机制，厂商只能通过提高其生产效率、降低其生产成本才能获取市场上同类产品的价格优势，进而确立其产品在市场上的竞争优势。从这一角度看，斯密的绝对优势理论又被认为是"绝对成本优势"或者是"绝对价格优势"的同义语。

但是，绝对优势理论内含着一个前提假设，即将某一参与国的生产与其他参与国的生产相比较，该国至少有一种产品的生产是具有绝对的低成本优势的产品，然后，该参与国将生产该种产品以换取其他参与国的其他产品，这一过程实质是一种很理想化的假设，即全球具有这种绝对成本优势的国家广泛存在，然而，现实中并不是所有的国家都具有这种绝对的成本"优势"。按照斯密的理论假设，如果不具有绝对"优势"的国家无法进行国际分工，则就更无法进行贸易往来。但是从历史看，事实却是，全球的国际分工和国际贸易往来历来都具有广泛的参与性，那些不具有绝对优势的国家也不例外地均可以参与到全球贸易中来。由此可见，斯密的绝对优势理论的局限性以及与现实的反差已经表明其理论与现实的矛盾显露无遗。

由于在亚当·斯密的绝对优势理论中并没有回答为什么没有任何绝对优势的国家和地区如何能够参与到国际分工中并且能够从中获得利润等问题，因此，绝对优势理论的理念虽然很好，但是，其应用性并不广泛，甚至有学者认为绝对优势理论只是比较优势理论的一个特例而已。

（2）相对优势理论

英国著名经济学家大卫·李嘉图首先提出了比较优势（Comparative Advantage）理论，后又称比较成本优势理论或者相对成本优势理论。1817 年，大卫·李嘉图出版了其不朽著作《政治经济学及赋税原理》，在该书中，李嘉图以劳动价值论为基础，用两个国家、两种产品的模型，提出和阐述了比较成本优势学说。他认为，国家之间以及地区之间在劳动生产率等方面存在巨大差距是一种必然现象，差距产生的结果既可以出现生产某种产品具有绝对优势理论的情形，也可以是生产任何产品均不具有优势的情形。就第二种情形而言，在李嘉图看来，即便是一个国家或地区在每一种商品的生产上都比其他国家要付出更大的成本，它依然能够通过生产和出口那些与外国相比生产成本相对较低（即劣势较小）的产品在国际分工和国际贸易中占有一席之地，而在每一种产品生产上

都比其他国家绝对的具有优势的国家，也不必生产所有的产品，而只应生产和出口具有较大优势的产品来获得分工和贸易利益。

李嘉图的比较优势理论发展了亚当·斯密的绝对优势理论，把区域分工和区域间的贸易往来扩展到了新的范畴，为区域以比较优势为基础发展经济提供了理论依据。但这一理论仅以劳动生产率为考察对象，忽略了其他要素在区域分工和区域贸易往来的积极作用，并且无法回答比较优势相同的不同地区需不需要分工和能否发生贸易活动。同时，李嘉图的这种传统比较优势理论是建立在完全竞争和规模报酬不变等假说基础上的，显然这一假说与现实并不相符，属于一种静态的比较优势理论。随着经济的进一步发展，特别是全球化趋势的加快，李嘉图的相对优势理论中所提出的一系列假设条件已经不复存在了。为此，就需要进一步对理论进行推展。

（3）要素禀赋理论

伊·菲·赫克歇尔（Eli F Heckscher）和他的学生贝蒂·俄林（Bertil Ohlin）最早提出了要素禀赋理论，又被称为赫克歇尔—俄林定理（Heckscher-Ohlin Theory）。根据赫克歇尔—俄林理论，国际间生产率的差异本身可以被归因于各国初级要素拥有量存在差异，这种初级要素拥有量间的差异实际上肩负了解释国际贸易的全部重任：比较明显的对外贸易商品构成的原因，如要素质量的国际差异与同一产品生产函数的差异等，都通过假设前提而精心排除了。赫克歇尔—俄林的理论最终形成了现代众所周知的国际贸易模型：赫克歇尔—俄林定理（HOT）。根据HOT定理，一个国家应该出口其相对富足的要素密集生产的那些物品，而进口那些该国相对稀缺的要素密集生产的物品。从表面看，似乎HOT定理比前面的理论有很大进步，揭示了现代经济条件下的分工定理，应该很有道理，但是，HOT却十分鲁莽，因为它用供给条件解释了整个外贸商品的构成。如果（比如说）一国的进口需求不是倾向于别的，而是倾向于用其富足的要素比较密集地生产的那些物品，那么，HOT定理对此就没法解释了。

2. 均衡发展理论

基于传统理论的缺陷，一系列新理论不断涌现，在众多学者研究的基础上，均衡发展理论形成了，主要分为大推进理论以及均衡发展理论。

（1）大推进理论

大推进（Big Push）理论又被称为平衡发展理论，是关于发展中国家各工业部门必须同时得到平衡发展的一种理论。该理论最早由英籍美国经济学家保罗·罗森斯坦—罗丹（P. N. Rosenstein-Rodan）于 1943 年在其《东欧和东南欧的工业化问题》一文中首先提出。1961 年，他又在《关于大推进理论的说明》一文中对大推进理论进行了进一步阐述。该理论认为，外部因素对区域经济发展具有决定性作用。从中可以看出，该理论的核心内容是如何利用外部力量并通过对相互补充的部门同时进行投资，从而创造出互为需求的市场，最后解决因市场需求不足而阻碍经济发展的问题；同时，通过依赖外部因素还可以降低生产成本，增加利润水平，提高储蓄率，从而进一步扩大投资，突破内部供给不足的瓶颈。

该理论对发展中国家具有指导意义。根据该理论，发展中国家要想实现或者摆脱贫困，实现经济快速发展的目标，最为有效的解决方法就是快速实现工业化，但是，快速实现工业化的最大障碍是资本形成不足。因此，这些国家应当对各个工业部门进行全面的、大规模的投资，从而使各个工业部门都能够在短时间内快速成长，只有这样工业化才能实现，经济也才会得到发展。如果同时对各个工业部门进行全面的大规模投资，还能够创建不同的企业，进而形成整体的规模效应，等于也进一步发挥了外部经济的效应。同时，由于在工业部门发展中需要有完善的基础设施以及其他配套发展基础作为保障，而且各工业部门的"起飞"也需要突破某一"临界速度"，因此，为了克服某个单项投资无法实现其规模效应的障碍，形成一种集合型生产能力并超越工业"起飞"阶段的临界限度，就必须采取所谓"大推进"的战略，以增强对工业的投资强度和广度。这就是所谓的大推进理论。

大推进理论的提出得到了一部分经济学家的支持和响应，认为该理论为发展中国家提出了一条快速发展工业经济的思路。但是，不可否认

的是，大推进理论存在一系列理论缺陷，如忽略了资本的稀缺性以至无法满足全部工业部门的“起飞”需求，众多的工业项目不可能同时一起建成，资本的分散性也无法为关系到国计民生的关键部门提供充足的资金支持，而且对于一个国家来说，所有的工业部门之间的关联效应不强，集体合力难以形成，这样，大推进理论提出的诸多观点在一定程度上过于理想化，理论和现实的矛盾也很大，无法应用于现实中。

（2）均衡发展理论

均衡发展理论的代表人物是纳克斯，他认为发展中国家或落后国家之所以贫困，原因是这些国家的内部存在着一个“贫困恶性循环”问题。所谓“贫困恶性循环”，包含两个内涵：一是从供给角度看，发展中国家的人均收入水平普遍低下，在消费一定的前提下，居民的储蓄率普遍较低，而储蓄水平低会引起资本的稀缺，造成资本的供给不足，进而使这些国家无法扩大其生产规模，难以提高其生产率，最终使这些国家处于一种低产出的状态，而低产出又进一步加剧了居民的低收入，于是，在发展中国家或者落后国家便形成了一种“低收入→低储蓄能力→资本供给不足→低生产率→低产出→低收入”的恶性循环链条；二是从需求角度看，居民的收入水平低下意味着购买力低下，造成投资不足，进而导致资本形成不足，使生产规模难以扩大，生产率难以提高，又造成居民的低收入，于是形成了“低收入→低购买力→低投资引致→低资本形成→低生产率→低产出→低收入”的另外一条恶性循环链条。而解决这两种恶性循环链条的关键是，实施一种平衡发展战略，即同时在各产业、各地区进行投资，既可促进各产业、各部门的协调发展，改善供给状况，同时又在各产业、各地区之间形成一种相互支持性的投资格局，不断扩大投资需求。因此，均衡发展理论主要强调的是产业间和地区间的关联互补性，主张在各产业、各地区之间均衡部署生产力，以实现产业和区域经济的协调发展。

可以看出，均衡发展理论在一定程度上对大推进理论是一种完善和修正，是建立在一种合理化假设的基础之上的，但是，该理论的缺陷是，没有考虑到现实中一般区域通常不具备区域经济协调发展的前提和基础，因此，对现实的指导意义不大。

3. 不均衡发展理论

罗丹和纳克斯提出均衡发展理论后不久，就得到了不少经济学家的支持，认为该理论是建立在大推进理论基础上的一种更现实的理论；同时，也有一些经济学家持反对态度，从而形成了一种与均衡发展理论针锋相对的另一种理论——不均衡发展理论，主要代表人物是佩鲁、赫希曼、缪尔达尔等。该发展理论认为，各国和各地区的自然资源禀赋存在差异性，社会资源的配置也呈现出非均匀性，因此，经济发展在区域空间上的差异是一种客观存在，从资源的稀缺性、社会配置资源的差异性以及区域之间存在的其他差异角度看，区域经济均衡发展是不可行的，应该集中有限资源和优势资源重点发展具有比较优势的重点区域和部门，然后，通过这些区域和部门带来的外部经济效应带动整个区域的经济发展。根据代表人物所提出的理论不同，可以将不均衡发展理论分为以下流派。

（1）佩鲁的增长极理论

增长极理论首先由法国经济学家佩鲁于20世纪50年代提出来，后又经法国地理学家布代维尔等人进行发展和完善，逐渐形成了一个理论流派。佩鲁认为，经济增长不可能同时开花，出现在所有的区域、部门、厂商等，而是会以不同的强度进行分散分布，在某一特定的经济空间内总会存在若干经济中心或经济增长极、点等，这些增长极或点会产生类似于一种刺激性作用的所谓“磁力场”，该磁力场会呈现出一种“极化效应”，增长极、点快速发展之后，会通过不同渠道向外扩散，从而产生“扩散效应”，最后对整个经济产生不同的终极影响。在这里，佩鲁所说的增长“极”指的是那些规模大、增长快、创新能力强，与其他部门具有很强关联效应又紧密联合的一组工业企业，具体分为厂商或者工厂。进入20世纪60年代后，罗德文将佩鲁的增长“极”仅为“厂商”或“工厂”的范畴扩展至抽象的空间状态；之后，布代维尔又将这一概念扩展至地理空间，从而对增长极理论进行了补充和完善，使得该流派的应用性得到增强。

根据增长极理论，增长极的发展具有两方面的效应，一是极化效应，即某些发展较快的经济区域或厂商将对周围地区产生一定的吸引能力和吸纳能力，主要表现为资金、技术、人才等生产要素不断向极点聚集，在极点地区

产生规模经济效应，增强了极点的自我发展能力和竞争能力；二是扩散效应，即增长极在快速发展之后，其生产要素将会逐渐向外围转移和渗透，对周围地区产生辐射作用，带动周边地区经济发展。在发展的初级阶段，极化效应是主要的，当增长极发展到一定程度后，极化效应削弱，扩散效应加强。

从理论基础看，增长极理论是建立在区域经济发展不平衡规律的基础之上的，它强调的是，首先要尽可能地把有限的资源集中到那些发展潜力大、经济效益好的地区或部门，不断培育经济发展中的增长极，强化增长极的实力，然后，通过扩散效应发挥对周边地区的支配力和影响力。

（2）缪尔达尔的累积循环因果关系理论

累积循环因果关系理论是由瑞典经济学家、诺贝尔奖金获得者缪尔达尔于 1957 年提出来的，后来，被卡尔多、迪克逊和瑟尔沃尔等经济学家发展，并具体化为模型来表达循环因果关系。缪尔达尔认为，经济发展不可能在空间上均匀分布和同时发生，具有发展基础优势或条件较好的地区会由于某种最初契机的促使首先产生“初始变化”，获得发展的早期优势，该地区会比其他区域获得超前发展，而后经过“次级强化”而产生快速发展结果，这种结果又会反过来影响“初始变化”，因此，优势区域会持续累积地加速增长，并呈现出一种“循环累积”的变化态势。在这一变化过程中，优势区域的经济发展会产生两种效应：一个是回流效应，主要表现为人均收入、工资水平、利润水平及其他要素的收益均较高的发达地区会吸引落后地区的资本、劳动力和技术、资源向其流动，结果造成落后地区缺少必要的生产要素而日益衰落，区域之间的差距变大[①]；二是扩散效应，即在发达地区发展到一定程度后，必然会出现人口

---

① 实际上，这一理论后来有很多扩展，其中美国经济学家斯蒂格利兹就提出了一个“斯蒂格利茨怪圈”的理论，意指在国际资金循环中出现了新兴市场国家以资金支援发达国家（如许多东亚国家持有巨额外汇储备）的得不偿失的资本流动怪圈，具体表现为新兴市场国家在以较高的成本从发达国家引进了过剩资本后，又以购买美国国债和证券投资等低收益形式把借来的资本倒流回去。改革开放以来，随着中国经济不断发展，在引进外资的同时，也出现了资本的大量流出，由此也有人提出，中国已陷入“斯蒂格利兹怪圈”。

稠密、交通拥挤、环境污染、资源短缺等问题，致使该地区的生产成本上升，外部经济效益下降，从而又或出现资金、劳动力、技术等生产要素在一定程度上倒流向原来那些经济落后的地区。这样，发达地区的这种扩散效应等于促进了落后地区经济的发展。

总体来看，区域经济能否得到协调发展，关键取决于两种效应孰强孰弱。一般情况下，在欠发达国家和地区的经济发展起飞阶段，资源的回流效应要大于扩散效应，这成为造成区域经济难以协调发展的重要原因。为此，缪尔达尔等认为，为了促进区域经济的协调发展，就必须要采用政府的“有形之手”对区域经济发展进行有力干预。从这一角度看，似乎可以说这一观点的提出是累积循环因果关系理论的过人之处，这一理论对于发展中国家解决地区经济发展差异问题具有重要的指导作用。

（3）赫希曼的不平衡发展理论

美国著名经济学家赫希曼对区域经济不平衡发展的认识比缪尔达尔更为深入，他在其代表作《经济发展战略》中提出了“不平衡发展”理论。在他看来，经济增长过程是不平衡的，经济发展也不会在各区域间同时展开，强大的经济增长力往往在某一最初的出发点周围形成一个空间集中，在经济发展进程中，往往是在一个或某几个区域内的某一中心首先得到发展，然后出现增长极。而增长极的出现必然意味着增长在区域间的不平等是增长本身不可避免的伴生物和前提条件。因此，各国、各地区应该集中或吸引有限的资源和资金、技术、人才优先发展少数重点部门，尤其是那些能够进行“直接生产性活动”的部门。为了将问题进一步说明，赫希曼引入了“关联效应原理”，认为那些能产生“直接生产性活动”的部门可以依靠关联效应原理得到确定，即利用各个产业部门中客观存在的相互影响、相互依存的关联度，用该产业产品的需求价格弹性和收入弹性来度量、来确定。因此，优先投资和发展的产业，必定是关联效应最大的产业，也是该产业产品的需求价格弹性和收入弹性最大的产业。凡有关联效应的产业（不管是前向联系产业还是后向联系的产业）都能够通过该产业的扩张和优先增长等措施，逐步扩大对其他相关产业的投资，并带动后向联系部门、前向联系部门，进而带动整个

产业部门的发展，从而在总体上实现经济增长。

从经济学视角看，不平衡发展理论的提出遵循的是经济非均衡发展的规律，突出了重点产业和重点地区的发展，有利于提高资源配置效率。因此，不平衡发展理论提出以后，被许多国家和地区所采纳，并在此基础上形成了一些新的区域发展理论，梯度推移理论就是其中的主要流派之一。

（4）梯度推移理论

梯度推移理论是区域经济学的重要理论，也是最具有代表性的不平衡发展理论，该理论源于产品生命周期理论。理论的来源是一些区域经济学家将产品生命周期理论引入到区域经济学中，由此产生了区域经济发展的梯度推移理论。该理论的主要观点是：在不同区域之间现实地存在着经济与技术发展的梯度差异；由于存在梯度差异，在存在梯度差异的不同区域之间，产业和技术都有从高梯度区域向低梯度区域推移的趋势。该理论还认为，区域经济的发展取决于其产业结构的状况，而产业结构的状况又取决于地区经济部门，特别是其主导产业在工业生命周期中所处的阶段。因此，如果其主导产业部门由处于创新阶段的专业部门所构成，则说明该区域具有发展潜力，因此，将该区域列入高梯度区域；反之，则只能属于低梯度区域。该理论的另外一个观点是，创新活动是决定区域经济发展梯度层次的决定性因素，而创新活动大都发生在高梯度地区，低梯度区域的创新能力较差。基于此，随着时间的推移以及生命周期阶段的变化，生产活动会逐渐从高梯度地区向低梯度地区转移，而这种梯度推移的过程主要是通过多层次的城市系统扩展来进行的。

与梯度推移理论相类似的是日本学者小岛清把赤松要所提出的“雁行模式”进行了扩展，他将日本、亚洲四小龙、东盟、中国等国家和地区列为不同的发展梯度，并冠之以第一、二、三、四批大雁。

进入20世纪70年代末至80年代初，中国开始引进梯度推移理论来指导经济与产业的布局实践，同时也将梯度推移理论引进到了区域经济研究当中，并主要运用梯度推移理论探讨在我国开发重点的空间转移及调整空间结构方面。我国有相当一部分学者认为，以梯度推移理论为依据的发展沿海地区经济政策是我国区域改革的正确选择。同时，又有学者认为梯度推移理论存在明显缺陷，并提出了"反梯度推移理论"，认为我国西部地区拥有丰富的自然资源，可以从国际国内引入大量资金、技术和人才，使自身的经济技术超越发展，而不必或者主要接收国内第一、第二梯度的转移。这样，有关梯度理论在我国引起了广泛而持久的讨论。

中国学术界对"梯度理论"与"反梯度理论"进行了讨论，有学者认为，梯度转移理论本身给出了处于不同发展阶段和发展程度的地区之间，产品、技术、产业在区域之间进行推移的一般理论，而且已被实践所证明，虽然其也存在一定的局限性，主要是难以科学划分梯度，有可能把不同梯度地区发展的位置凝固化，造成地区间的发展差距进一步扩大。

二、开放经济发展相关理论

开放经济发展的相关理论主要有经济全球化理论和区域经济一体化理论。在每一个理论分支中又有不同的理论观点，也形成了不同的理论流派。

1. 经济全球化理论

经济全球化理论的形成和发展与 20 世纪 80 年代初经济全球化趋势紧密相关。随着全球经济金融的联系越来越深入，理论的发展也做出了相应反应。

(1) 经济全球化产生的不同观点

关于经济全球化是如何产生的这一问题，目前学术界进行了不同角度的研究，产生了几种不同的学术观点：

第一种是经济全球化产生的历史学观点。从历史学角度研究经济全球化产生的观点认为，经济全球化的发端并不是人类进入 21 世纪才开始的，早在数百年甚至上千年前就开始了全球化的历史进程。如，美国经济学家保罗斯威奇就认为，经济全球化不是某种条件或某种现象，而是一种已经持续了很长时间的动态过程，人类自四五百年前的资本主义时代，全球化就已经作为一种活生生的社会形态在世界上出现，这一过程

持续的时间已经很长了。安德烈·贡德·弗兰克则利用东西方学者近年来发表的大量研究成果实证证明，自1500年前就有全球的世界经济以及世界范围的劳动分工和多边贸易，并且他断言，这个世界经济可以上溯一千年，甚至更早。个别史学家甚至认为，自中国开辟丝绸之路的年代起就已经出现了经济的国际化。

国内学者吴兴南等认为，“经济全球化作为一种过程已经延续了数百年时日，因此，经济全球化并非是一种全新的新生现象。纵观人类整个经济全球化发展的历史进程，可以看出从资本主义诞生伊始，经济全球化就已经开始萌芽，资本家在追求利润最大化的冲动下，带着浓烈血腥味在全球拓展市场，已经波及世界的每一个角落，结果导致早期的资本主义国家的富足与后来的落后国家的贫穷形成了鲜明对照。”还有学者认为，经济全球化的实质乃是劳动分工在国际层面的重组、扩展和细化过程，分工的水平和效率是决定各国经济长期增长和发展的关键。因此可以说，从亚当·斯密时代开始，古典经济学家对分工的研究就已经是对经济全球化问题进行了有效的探索。

第二种是经济全球化产生的新生论观点。代表这一流派的是当代大多数西方学者，他们认为经济全球化是新时代的产物。如，经济学家莱斯特·瑟罗认为，随着第二世界加入资本主义体系，第三世界的多数国家也决定参与全球资本主义的赛局，最后，全球经济的规模就比过去更大了，也比过去任何时候都更为现实了；以布伦特兰为主席的世界环境与发展委员会发布了一份报告——《我们共同的未来》，在该报告中提出，“地球是一个大的世界，不久以前，人类活动及其影响还一直限制在国家之内、部门之内（能源、农业、贸易）和有关的大领域之内（环境、经济、社会），这些限制现已开始瓦解。……特别是在最近10年中。”

第三种是经济全球化否认论。持这种观点的学者认为，经济全球化并没有真正出现，或与以前相比并没真正得以体现。比如，鲁格曼就认为，所谓的“‘全球化’一词已经被滥用”，“全球化只是一个神话，它从来没有发生过”，“大多数外国投资仅仅发生在区域内，而不是区域之间”，“我们并没有拥有真正的全球经济，只不过是以三极（美、日、欧盟）为基础的区域经济”。

除以上观点之外，也有人认为，经济全球化实质上是历史的产物，其发展过程从区域经济合作与经贸往来发端，逐渐向更大的范围渗透，直至全球。科学技术的发展，为全球性的经济互动提供了可能，这种现象在第二次世界大战期间，特别是以信息网络为代表的新技术革命产生之后，犹胜以往。因此可以说，目前的全球性经济活动正日趋频繁，各种经济联系正日益密切，已经形成了国与国之间、区域与区域之间在经济领域中的你中有我、我中有你的发展格局。今后，经济全球化的趋势将会愈演愈烈。

（2）关于经济全球化内涵的阐释

从20世纪80年代开始，“经济全球化”一词便频频出现在西方的各种报刊媒体上，成为媒体和学术界讨论的热门话题。在中国，学术界也从20世纪90年代初开始对经济全球化问题进行了深入研究，涌现出一批研究成果。但是，对于什么是经济全球化的定义或者内涵，国内外学术界目前还没有形成一个统一的认识，很多人将其认为是一个“过程”，如OECD认为，经济全球化可以被看作是一种过程。在这一过程中，经济市场、技术与通讯形式都越来越具有“全球性”的特征；法国学者雅克·阿达认为，经济全球化就是资本主义经济体系对世界的支配和控制，亦即资本主义肆虐全球的过程。我国一些学者认为，“经济全球化的实质是劳动分工在国际层面的重组、扩展和细化过程”。全球化是指当代世界经济生活已在全球范围之内形成了一种不可分割的密切联系，各民族国家和地区经济的发展再也无法如“独白时代”那样可以在一个相对封闭的地理空间环境内发展起来。从某种意义上说，全球化所意味着的乃是世界市场体系的形成，或全球化仅仅是证明了一种完整意义上的“世界历史”的展现。

1997年，国际货币基金组织给全球化下了一个定义，认为“全球化是指跨过商品与服务交易及国际资本流动规模和形式的增加，以及技术的广泛迅速传播使世界各国经济的相互依赖性增强。”这一定义不仅描述了全球化的过程和表现形式，还揭示了各国或地区之间在这个过程中所

联结起来的越来越紧密的相互关系，因此，这一定义被认为是目前对经济全球化下的最权威的定义。

从整体上看，经济全球化是指资本、劳动力、技术、知识、信息、产品等要素在全世界范围内自由流动，各要素统一的世界市场逐渐形成，各国之间的经济联系日益紧密的过程。经济全球化具有两重性，一方面促进了世界经济的巨大发展，另一方面在缺乏相应的国际协调机制的情况下，对各国（特别是发展中国家）也构成一定的风险，提出某种挑战。同时，经济全球化是一个长期、曲折的过程，在这一过程中，存在着诸多矛盾和制约因素，如市场经济与国家职能之间的矛盾、贸易保护主义、政治因素、文化差异、经济全球化本身条件、不平等的国际经济法规和规则、经济差距和发展空间的矛盾、国际债务以及区域经济集团等，直接影响着经济全球化的进程。

（3）经济全球化的特点分析

与以往的经济发展相比较，经济全球化的首要特点是，以市场经济和对外开放为前提。经济的全球化必然会导致世界范围内各国和各地区之间的经济联系日益紧密，这种紧密的经济联系主要体现在两个方面：竞争与合作。首先是各经济主体之间的竞争和合作必须充分发挥市场机制的作用，以市场为先导，利用市场规则和市场经济所提供的平台来进行。通过市场调节的价格支配资源的配置和使用，通过市场机制来实现资源配置的效率，通过市场经济的竞争机制、风险机制、信息机制和等价交换机制实现资源配置效率的最大化。其次是各国、各地区之间必须进行市场开放、行业开放、产业开放，才能融入世界经济体系，才能利用市场机制参与国际分工，进行竞争和合作，获取经济利益。

经济全球化的第二个特点是，以发达国家和地区的经济发展为主导，以跨国公司的对外扩张为主要动力。截至目前的经济全球化，是一场以发达国家经济发展为主导，跨国公司扩张为主要动力的世界范围内的产业结构不断调整过程。人类进入 20 世纪 80 年代以来，随着经济全球化的深入，世界经济发展的态势总体上良好。但是，一个不可否认的事实是，经济全球化是以发达国家在其中起主导作用为前提和基础的。发达国家的经济主体及其经济行为已经渗透到全球的各个领域，促使资金、技术、信息、劳动力等生产要素正在进行世界性的广泛流动。同时，发达国家的跨国公司在国际贸易的舞台上也扮演着领导者的角色，推动着各种生产要素在区域间的广泛流动。因此可以说，没有发达国家的经济实力和跨国公司的对外扩张，目前的经济全球化不可能推进到如此地步。通过一个非常重要的数字就可以佐证该观点：目前世界500家最大的跨国公司所进行的外国直接投资已经占到世界总额的80%，由其进行的贸易额已经超过了世界贸易总额的一半以上。

经济全球化的第三个特点是广泛的参与性和地区全球化发展程度的差异性。第二次世界大战结束之后，发达国家的跨国公司得到了迅速发展，成为国际投资的主要载体，无论是数量还是规模，跨国公司都已发展到相当的程度，几乎渗透到全球的各个角落，人们能够或多或少地感受到由跨国公司推动的经济全球化所带来的变化，人们的行为已经在有意无意中融进了经济全球化的浪潮。同时，由于经济、社会、文化基础以及内外部发展条件、经济政策等方面的不同，导致各国各地区在全球化进程中存在水平差异。

2. 区域经济一体化理论

与经济全球化理论不同，有研究观点认为，当代经济的发展已经进入到了区域经济一体化的时代，因此，区域经济一体化理论随之产生。

（1）对区域经济一体化内涵的理解

"Integration"一词源于拉丁文"integratio"，原意为"更新"。直到17世纪初，它才被用于表示"将各个部分结合为一个整体"的现象，这也是迄今为止各种英文词典中对该词词义的基本解释。截至目前，人们对于"一体化"一词的理解仍然是众说纷纭。早期，丁伯根认为，一体化是指各国贸易的自由化；巴拉萨认为，一体化是资本与劳动力在国际间流动的人为障碍的消除，同时还认为，"一体化既作为一种进程，又作为一种状态"；托达罗认为，一体化是同一地区，大小和发展水平相对一致的一些国家联合起来，用提高共同关税对付非成员国的产品，同时，在成员国之间进行自由贸易所建立起来的经济联合体。目前，大多数人

认为，一体化是世界经济的一个重要组成部分，也是国际经济学中的一个重要理论，按照大部分学者的理解，一体化的概念应该指的是区域经济的一体化。

区域经济一体化源于经济一体化，就广义的经济一体化而言，有人将其看作是世界经济一体化，指世界各国经济之间彼此相互开放，形成一个相互联系、相互依赖的有机体；还有人认为，广义的经济一体化包括经济国际化和全球化的发展以及通过制度安排使经济不断聚合和融合的过程。有人则直接把狭义的经济一体化看作是地区经济一体化，认为区域经济一体化是区域内两个或两个以上的国家或地区在一个由政府授权组成的并具有超国家性的共同机构下，通过制定统一对内对外经济政策、财政与金融政策等等，消除国家之间阻碍经济贸易发展障碍，实现区域内互利互惠、协调发展和资源优化配置，最终形成一个政治经济高度协调统一的有机体这一过程。还有人认为，区域经济一体化指按照地缘关系（如地域、流域等）和经济依存度而形成的跨国或跨地区的经济协作和共同发展的经济联合和联盟；区域经济一体化是指有关主权国家为实现区域内外的经济合作、联合或融合而实行的制度安排。

（2）区域经济一体化的分类

按照参与主体的所属范围，可以将区域经济一体化分为一国内部的区域经济一体化、几个国家联合的区域经济一体化以及几个国家的某些部分联合的区域经济一体化；而巴拉萨则把区域经济一体化分为五个阶段，即自由贸易区；关税同盟；共同市场；经济联盟；完全经济一体化。下面主要简要介绍什么是自由贸易区、关税同盟和共同市场。

自由贸易区。自由贸易区是较为常见的一种合作组织，它是指两个或两个以上的国家或经济体之间通过达成一致协议，相互取消进口关税和与关税具有同等效力的其他措施而形成的经济一体化组织。如北美自由贸易区和欧洲自由贸易联盟等都属于自由贸易区。

自由贸易区的一个重要特点是区域内商品可以自由流动，真正实现了商品的自由贸易，但是它严格地将这种贸易待遇限制在参加国之间。自由贸易区的另一个重要特点是，成员经济体之间没有共同的对外关税。

自由贸易区明确指出，各成员经济体之间的自由贸易，并不妨碍。

关税同盟。关税同盟理论是区域经济一体化的主要理论基础，是由维纳于1950年在其代表性著作《关税同盟理论》中提出来的。维纳提出了贸易创造和贸易转向概念，认为建立关税同盟得益与否，取决于这二者的实际成果，从而将定量分析用于对关税同盟的经济效应的研究，奠定了关税同盟理论的坚实基础。关税同盟是经济一体化的基本形式，是区域经济一体化发展的主要阶段之一，也是经济一体化进程的核心内容。

共同市场。共同市场理论主要是分析在生产要素可以自由流动的条件下，对一体化内部各成员国生产要素价格及收益的影响。共同市场理论认为，以往各国为了保护本国的利益，实施了狭隘的贸易保护政策，把市场分得过于细小而缺乏弹性，因而只能提供狭隘的市场，无法实现规模经济和大批量生产的利益。共同市场的目标是消除保护主义障碍，把被保护主义分割的每一个国家的国内市场统一成为一个大市场，通过大市场内的激烈竞争，实现专业化、批量化生产等方面的利益。共同市场的理论基础是超越静态的关税同盟理论的动态的大市场理论。这个大市场理论是迄今为止的大量文献中唯一较有说服力的理论。可见，共同市场与关税同盟相比较，其一体化范围较之关税同盟又进了一步。

第三节　有关丝绸之路经济带的解读

"丝绸之路"是一条绵延数千多公里、持续了两千多年的贸易和文化交流之路。公元前2世纪到公元16世纪，东起中国长安，西到东罗马君士坦丁堡（今土耳其伊斯坦布尔），并连接、延伸中亚、南亚、西亚和欧洲各国的漫漫长路，这就是举世闻名的"丝绸之路"——一条伟大的中西贸易商道，一座辉煌的"人类文化桥梁"，对华夏文明乃至世界文明的发展都产生了重要而深远的影响。古代"丝绸之路"的陆上通道主要有两条，一条是西北"丝绸之路"，一条是南方"丝绸之路"。西北"丝绸之路"指的是自长安出发，从新疆出境经过中亚到达欧洲的线路。其自新疆出境后分为三条路线：北线——沿咸海、里海、黑海的北岸，经过

碎叶、怛罗斯、阿斯特拉罕等地到伊斯坦布尔；中线——自喀什起，经费尔干纳盆地、撒马尔罕、布哈拉等到伊朗的马什哈德；南线——自帕米尔山，可由克什米尔进入巴基斯坦和印度，也可从白沙瓦、喀布尔、马什哈德、巴格达、大马士革等前往欧洲。南方“丝绸之路”主要指的是自成都出发，从云南腾冲出境经缅甸至印度的贸易路线。

1877年，德国地理学家李希霍芬在他写的《中国》一书中，首次使用“丝绸之路”一词，替换了“玉石之路”、“佛教之路”等名称。20世纪末，全球化进程加速，特别是冷战的结束，为“丝绸之路”的复兴创造了必要条件。20世纪90年代以来，在古代“丝绸之路”上，多条铁路、公路及管道相继投入运营或建设，这些新的“丝绸之路”在促进沿途国家经贸和文化交流的同时，也对欧亚大陆的地缘政治产生了重要的影响。特别是20世纪90年代，我国陇海—兰新铁路与哈萨克斯坦土西铁路接轨，标志着东起中国连云港、西至荷兰鹿特丹的新亚欧大陆桥全线贯通，被称为“新丝绸之路”的陆路交通大动脉至此成形。与之相伴，在丝绸之路沿线地区，以沿线中心城市为骨干，以霍尔果斯、阿拉山口等陆上口岸为窗口的经济带，也迎来了快速发展。古代，丝绸之路可以通过三条线路联通欧亚；如今，亚欧大陆桥一号线和二号线相继贯通。“丝绸之路经济带”涉及人口众多、市场规模独一无二、合作潜力巨大。共建“丝绸之路经济带”，将给国内外丝绸之路沿线带来巨大的发展机遇。不过，横看整个经济带，它具有明显的区段特征：“一头连着繁荣的亚太经济圈，另一头系着发达的欧洲经济圈，但是在中国—中亚地区之间形成了一个经济凹陷带”。

进入21世纪后，中国与中亚国家的利益联系更加紧密，合作不断深化，并在2001年成立上海合作组织，并同时重视西部发展，实施西部大开发战略。江泽民认为“加快西部地区的发展，具有极其重大的意义”。胡锦涛也同样强调“中国先后实施西部大开发等战略，进一步促进了区域协调发展”，“形成合理的区域发展格局”。

2013年9月8日，国家主席习近平在访问哈萨克斯坦期间，发表题为《弘扬人民友谊　共创美好未来》的重要演讲，明确倡导“丝绸之路经济带的建设"，并由此揭开了我国新一时期向西发展的宏伟战略。同年10月，他指出中国先后成为周边各国的主要贸易伙伴，同周边国家的经贸联系更加紧密、互动空前密切，"要以周边为基础加快实施自由贸易区战略，扩大贸易、投资合作空间，构建区域经济一体化新格局"，"主动参与区域和次区域安全合作，增进战略互信"，"加快基础设施互联互通，建设好'丝绸之路经济带'"，同时"加快沿边地区开放，深化沿边省区同周边国家的互利合作"。这表明"丝绸之路经济带"将集沿边开发与区域经济一体化功能于一体，既促进西部开发，也推动区域一体化。

根据官方解读，"丝绸之路经济带"战略的意义在于三个方面：首先，有助于原油供应多元化，同时可以通过中亚国家，陆路连接中东，获取石油，减少对马六甲海峡的依赖，从而缓解贸易禁运等对中国经济安全的威胁；其次，紧密中国与中亚的联系，缓解国际势力对该片区域的政治等方面影响；最后，通过实现陆路通道的便利快捷，实现区域经济的平衡发展。

在内容上，新战略强调以经贸为主、多维度并进，对丝绸之路经济带的解读主要应从以下方面展开：

1. 政策沟通

政策沟通的表现主要分为三个方面，一是加强与中亚国家以及周边国家的安全事务对话与合作，对于营造安全稳定的外围环境至关重要，也有利于促进中亚地区的经济发展与繁荣稳定，以及与中国关系的改善与提升。二是积极促进中国与中亚地区多领域交流、多层次合作。既包括建立具体投资政策的多边沟通平台，积极推动投资贸易、人员往来便利化，也包括积极开展各个层次双边合作交流，例如国家、省州、城市，甚至工业园区之间的直接的、具体的交流合作。三是大力发展公共外交平台，培养中亚地区对华友好力量，建立让各国领导支持、让各国政府办事、让各国民众参与的全方位合作关系。例如对中亚的官员培训、教育交流、课题研究等。

2. 道路联通

推进各国签署《国际道路运输便利化协定》，加快中国与中亚地区及

其邻国的铁路建设。一是积极推动高铁外交，构建泛亚铁路，通过高铁将中国与中亚联通起来。二是积极修建改善霍尔果斯（中国）—热肯特（哈萨克斯坦）铁路干线，提高运输效率和货量。三是加快通过喀什出境的中国—吉尔吉斯斯坦—乌兹别克斯坦公路项目和铁路项目，以及中国—巴基斯坦铁路建设，提高运输便利化程度。四是加快改善新疆境内铁路网络建设与改造，包括东线、西线南北疆铁路联通，提高运输效率，促进交流融合与应对突发事件。

3. 贸易畅通

一是探索区域性自由贸易，推进中哈跨境自由贸易园区建设。稳步推进大中亚自由贸易区建设，率先谋划建立中哈自由贸易区，积极促进霍尔果斯中哈跨境自由贸易园区建设。二是推进中国与中亚各国互设境外产业园。在中亚地区设立若干中国产业园，作为中国投资中亚的专属领域和集中园区，例如哈萨克斯坦中国工业园。三是加强能源资源领域共同开发和建设。设立大中亚地区能源俱乐部，有利于综合协调各国供给与需求、能源管道铺设以及稳定能源来源。

4. 民心相通

一是专门设立项目培训中亚地区高级政府官员，既包括短期专题培训，也包括公共管理硕士（MPA）项目的学位培训。二是设立中亚留学生中国政府奖学金项目。支持中亚地区学生来华学习，培养中亚地区会懂汉语、了解中国的青年力量。三是设立上海合作组织发展研究基金会或者中亚发展研究基金会，给予中亚地区高校、科研机构研究人员进行课题研究资助、访问学者等合作研究机会。四是完善商贸投资、旅游探亲落地签证管理办法，积极推动双方相互逐步实现客商、旅游等入境“落地签证”政策。

5. 资金流通

一是促进金融合作，成立中亚开发银行。该银行作为中亚地区投资建设的融资渠道，给予相应基础设施项目、产业发展项目相应贷款，以改善中亚地区交通基础设施、促进中亚地区产业发展。二是推进本币结算和人民币发挥区域性国际货币职能。推进各国在经常项目和资本项目下实现本币结算，加强各国间货币直接互相流通；在此基础上，推进人民币作为中亚地区性国际账户结算标准货币。

第四节　丝绸之路经济带国家间的经济金融合作

习近平总书记提出的共建"一带一路"的战略构想得到了有关国家的积极响应。作为"一带一路"战略实施中的重要组成部分，丝绸之路经济带国家之间有很多合作的途径，加强中国与丝绸之路经济带国家之间的国际贸易、货币流通、深化金融合作等都具有的重要意义，已得到了许多相关学者的共鸣。

一、合作内容

1. 国际贸易

中国学者赵华胜（2014）指出，在国际贸易方面，"丝绸之路经济带"的一个重要新特征是，在操作框架上超越了上海合作组织（以下简称"上合组织"）。自成立以来，上合组织就一直是中国与中亚区域合作的基本框架，今后它仍将承担这一功能。不过，"丝绸之路经济带"的操作主要在上合组织框架之外。在积极使用上合组织平台的同时，"丝绸之路经济带"还将运用其他途径和形式进行区域合作，包括与上合组织成员国和非成员国之间的双边和多边合作。操作框架的变化有着重要的实践意义。它使"丝绸之路经济带"在运作上具有更大的自主性和灵活性，同时它的发展也可不受上合组织区域合作进程的限制。上合组织的区域合作是整体性的，在不能达成一致的情况下难以推动，这制约了上合组织区域合作的发展。"丝绸之路经济带"在操作框架上的自主性使它有可能绕开这一困难。而且，这也使"丝绸之路经济带"的发展不必与上合组织区域合作同步，它可建设低于上合组织进程的项目，也可建设高于上合组织进程的项目。例如，在上合组织的自贸区建设难以启动的情况下，"丝绸之路经济带"有可能先于上合组织推动局部的自贸区建设。

中国学者霍建国（2014）认为，丝绸之路经济带的总人口达30亿，

且在近年来中国与丝绸之路经济带各国的贸易始终保持高速增长的局面，2012 年中国与丝绸之路经济带各国的贸易额达 5495 亿美元，占中国对外贸易总额的 14.2%．中国企业对沿线各国的非金融类投资达 35 亿美元，占中国对外直接投资总额的 4.5%，发展潜力巨大。中国企业在沿线各国承包工程的营业额近 350 亿美元，占全国对外承包工程营业总额的 45.4%，是中国主要的对外工程承包市场。中亚各国的市场规模和潜力独一无二，各国在贸易和投资领域的合作机会和潜力巨大。各方面应该就贸易和投资便利化问题进行探讨并作出适当安排，消除贸易壁垒，降低贸易和投资成本，提高区域经济循环速度和质量，实现互利共赢。郭田勇也提到，“新丝绸之路经济带”东端连着充满活力的亚太经济圈，西边系着发达的欧洲经济圈，沿线国家经济互补性强，在交通、金融、能源、通信、农业、旅游等各大领域开展互利共赢的合作潜力巨大。“新丝绸之路经济带”原本是中国西部和中亚地区之间的一个“经济低谷带”。这里虽然地域辽阔，有丰富的自然资源、能源资源、矿产资源、土地资源和宝贵的旅游资源，但是该区域交通不够便利，自然环境较差，经济发展水平与两端的经济体存在较大落差，整个区域存在“两边高、中间低”的现象。中国与中亚五国在贸易和投资领域合作潜力巨大，近年来，我国与亚欧国家的贸易持续扩大。中国已成为土库曼斯坦的第一大贸易国伙伴，乌兹别克斯坦、吉尔吉斯斯坦的第二大贸易伙伴，哈萨克斯坦、塔吉克斯坦的第三大贸易伙伴。随着“新丝绸之路经济带”的建设，可以预计中国与亚欧国家未来贸易与投资合作规模将继续扩大，领域也将继续伸展，质量也会进一步提升。

2. 资金融通

在资金融通方面，为加快“一带一路”建设，有利于促进沿线各国经济繁荣与区域经济合作，加强不同文明交流互鉴，促进世界和平发展，2014 年丝路基金设立、亚洲基础设施投资银行签约。目前正在努力的方向是：深化金融合作，推进亚洲货币稳定体系、投融资体系和信用体系建设；扩大沿线国家双边本币互换、结算的范围和规模；推动亚洲债券市场的开放和发展；共同推进亚洲基础设施投资银行、金砖国家开发银行筹建，有关各方就建立上海合作组织融资机构开展磋商；加快丝路基金组建运营；深化中国一东盟银行联合体、上合组织银行联合体务实合作，以银团贷款、银行授信等方式开展多边金融合作；支持沿线国家政府和信用等级较高的企业以及金融机构在中国境内发行人民币债券；符合条件的中国境内金融机构和企业可以在境外发行人民币债券和外币债券，鼓励在沿线国家使用所筹资金。

郭田勇（2014）指出，在当前全球经济联动性加大、美国币值不稳定、各国急需资金的情况下，加强相关各国之间的金融合作十分必要。习近平总书记指出，中国和俄罗斯等国在本币结算方面开展了良好的合作，取得了可喜成果，也积累了丰富的经验。这一做法有必要加以推广。如果各国在经常项下和资本项目下实现本币兑换和结算，就可以大幅降低流通成本，增强抵御金融风险的能力，提高本地区经济的国际竞争力。还有新闻报道，俄罗斯或将很快与我国签署货币互换协议。

目前，中国人民银行先后与乌兹别克斯坦、哈萨克斯坦等中亚国家中央银行签署了双边本币互换协议。习近平主席2013年9月9日在塔什干与乌兹别克斯坦总统卡里莫夫举行会议时提议进一步扩大双边本币结算。这些协议的签订一方面有利于双边以及多边贸易的有序发展，降低交易成本，规避因美元币值的剧烈波动所产生的汇率风险；另一方面也有利于人民币的跨境结算，扩大人民币影响力，推动人民币国际化。

郑云峰（2014）提出，构建丝绸之路经济带的建设将助推人民币国际化：在"丝绸之路经济带"可以建立融资、清算、金融市场、外汇交易等四大中心。扩大融资规模和范围，为丝绸之路经济带建设提供融资保障，促进商品和服务贸易的发展，加速一体化进程，并以此为契机推广人民币计价、流通和结算。人民币只有先成为区域的贸易结算货币后才有可能成为区域内的储备货币，进而成为国际货币。

事实上，"一带一路"战略为人民币国际化提供了历史机遇，表现为：

依托"一带一路"建设，在沿路各国贸易发展和金融合作的基础上推动人民币国际化，据此构建沿路人民币贸易圈和人民币货币区，符合

沿路各国利益，也是区域经济一体化发展的必然趋势。如果没有一个互联互通的基础设施为保障，中国与沿路国家和经济体之间的商品流通规模与速度、要素配置范围与效率、使用人民币进行交易和结算的成本都必然受约束。

与此同时，“一带一路”战略也会为人民币国际化带来一系列挑战，如经济增长不确定性、政治稳定性与政策变动、安全与利益冲突、货币与金融不稳定、外部力量干预等。能否充分发挥人民币投融资及国际化的比较优势，还面临着多种因素的影响和制约，也面临着各种类型的挑战。如何有效应对挑战，是“一带一路”战略实施中需要面临的一个重要问题。

由此可见，人民币国际化已经成为中国与欧亚金融合作的重要内容。人民币国际化在“一带一路”战略实施中处于重要地位。

首先，可以提供融资支持。2014 年设立的亚投行、丝路基金表明，中国政府将利用本国资金直接支持“一带一路”建设。通过建立丝路基金，建设融资平台，打破亚洲互联互通的瓶颈，为“一带一路”沿线国家基础设施、资源开发、产业合作和金融合作等与互联互通有关的项目提供投融资支持。丝路基金总规模为 400 亿美元，未来还可基于行业和地域设立子基金。中国的巨额外汇储备是“一带一路”战略的坚实基础，“一带一路”沿线省份或将推出地方版丝路基金及其他类型基金，以增量带存量，进而盘活整个金融盘子，让整个社会资金流动起来，为实体经济服务。而这些资金能否真正作用于商品交易、国际支付结算和国际投资，都要基于人民币国际化的顺利推进。

其次，可以拓宽融资渠道。“一带一路”战略实施中将通过债权、基金等形式，为“走出去”企业提供长期外汇资金支持，并鼓励商业银行、保险公司等多类商业机构积极参与，采用金融创新的方式来带动民间资本（如 PPP 模式等），满足大型基建项目需求。然而要想保证机构的顺利运行、成功撬动社会资本，唯有更快推进人民币跨境流动，使其在更广泛的范围内被各界接受，这样，作为融资主力的中国才能充分发挥作用，保障战略的顺利进行。此外，鉴于中国与“一带一路”沿线各国的贸易依存度高，采用人民币结算必然也会提高贸易往来的效率，提供更为便利、快捷的交易，加快战略步伐。

第三，可以改变现有国际货币竞争局面。目前的国际货币体系已经形成主要国际货币相互竞争份额的格局，人民币国际化意味着人民币会逐渐成为"一带一路"战略实施中最普遍使用的计价、结算和资本输出币种，可将金融主动权留在自己手中，能够有效避免因美元汇率波动而带来的不必要损失，保证各国贸易往来的安全性和稳定性。

3. 金融合作与支持

在丝绸之路经济带的概念提出之前，多数学者的研究重点针对于欧亚区域经济，并由此展开对欧亚区域金融合作的探讨。周恩鸿于 2006 年就详细论述了欧亚金融合作的现实意义：首先，可以有效整合区域内的金融资源。欧亚各国，特别是中国、俄罗斯拥有丰富的金融资源，通过实施区域内合理分工，有效整合区域金融资源，必然会产生巨大的经济效应。其次，能加快金融创新步伐。中国、俄罗斯的金融业相对发达，金融总量和金融科技水平在欧亚区域各国内处于领先地位，区域内通过金融合作，可以促进各国加快金融创新步伐，提升各国金融服务水平和金融整体竞争力。再次，能提高金融资源的配置效率。目前，欧亚区域内的合作已涉及基础设施、产业投资、商业贸易、农业、旅游、劳务、科教文化、卫生免疫、环保等多个领域，合作项目的落实最终离不开资金的供给与支持，如果跨国的金融合作有效，就能保证中亚、欧亚各国的信贷资金、保险资金、投资资金的横向合理流动。最后，能促进世界经济金融一体化的进程。当前，东亚、中亚、欧亚范围内的区域合作和次区域合作方兴未艾，一方面，各国为了提高国际竞争力必须保证生产要素和资源的合理流动；同时，也对对接欧盟、东盟区域合作，提高区域内金融资源配置效率和开放水平，保持各国的经济繁荣，有着深刻的现实意义。

郭田勇（2014）特别分析了"新丝绸之路经济带"的构建对我国资本市场将起到的积极促进作用。认为资本市场将为经济带提供资金融通、信息交流等方面的支持。首先，资本市场中的资金会得到更加高效的利

用；其次，经济带将为资本拥有者提供更多的投资渠道，避免资本过度集中在传统投资领域，加大调控难度，提高系统性风险；最后，随着“新丝绸之路经济带”的发展，资本市场将会吸引更多的潜在投资者进入，有利于提升整个资本市场的活跃度。

朱苏荣（2014）从另一个角度探讨了金融对于丝绸之路经济带形成的特别意义，指出金融是丝绸之路经济带建设的动力源泉，是丝绸之路经济带各国贸易畅通的纽带，是丝绸之路经济带通道的重要保障。徐奇渊（2012）依托上合组织平台搭建丝绸之路经济带战略，提出以上合组织平台推动我国与中亚国家的经济金融合作，对我国推进与伊斯兰世界的经济金融合作，以及对地处中亚、西亚的“伊斯兰弧”的影响力扩展具有重要意义。

姚德全（2013）总结了目前在丝绸之路经济带上开展金融合作的相关研究现状，指出丝绸之路经济带国家间的金融合作不断加强，各国中央银行层面的高层对话机制不断健全，包括上合组织在内的交流与传播平台不断建设，与我国建立双边货币互换和本币协议的国家不断增多，这些方面都更有利于加强中国与丝绸之路国家间的金融合作。同时，勾勒了继续加强丝绸之路金融合作的具体路径：首先是加强金融基础设施建设，例如国家支付清算体系间、账户间的相关服务；其次是推动人民币从区域化迈向国际化，不断加大经常项目自由兑换、计价和结算使用范围；第三是促进能源金融中心建设，充分利用我国资金优势和丝绸之路沿线国家能源资源优势；第四是培育发展多层次资本市场，积极引导各类企业扩大海外直接投资、支持龙头企业走出去，尝试开展跨境并购和股权投资；最后是打造跨境金融合作长期交流平台，建立国家间中央银行和金融监管机构的监管协调机制。

厉无畏、易诚、邢辉等人（2014）都提出要建设丝绸之路经济带上的金融中心城市和自由贸易区主导城市，他们分别分析了西安和新疆两地的区位优势、人才优势、地理优势和人文优势，得出在西安或者新疆建设区域中心对国家政策实现、国家经济发展的重要意义。甚至有政府建设部门的人员周立伟对西安市的丝绸之路金融专项规划进行了详细说明。厉无畏、徐平（2014）还认为，丝绸之路经济带是我国的重大发展战略。"兵马未动，粮草先行"，如何利用金融合作与创新为丝绸之路经济带的建设提供资金是首先需要解决的问题。他们建议，把建设区域金融中心作为金融合作与创新的载体，并认为西安具备建成区域金融中心的条件；建议利用自由贸易试验区尝试扩大人民币结算、鼓励人民币对外投资、尝试资本项目下开放管理；建议发展互联网金融为小微企业提供资金以夯实经济基础；建议综合利用保险债权计划、信托计划、企业债券、银行中期票据、资产证券化、私募股权基金等多种金融手段为丝绸之路经济带的建设募集中长期建设资金。

二、有关丝绸之路经济带构建条件的考察

朱苏荣（2013）通过分析我国和欧亚各国目前关系和发展前景，指出由于各国基础条件的不同，经济实力差距较大，许多国家和地区道路网络不发达，特别是国与国之间的通道建设滞后，远远不能满足经济带内各国之间政治、经济、文化的合作与交流，是阻碍共同构建"丝绸之路经济带"的主要瓶颈。各国无论是航空、铁路、公路，还是管道联通建设，都需要大量的物资、资金、技术、信息、人才等，由于国别、地域限制，道路联通亟须的物资、技术、信息、人才等资源的流动受到诸多限制，唯有资金的流动受限最小，可以不受空间、时间的限制，有效而迅速地流通到"丝绸之路经济带"各国的任何区域；而且金融在国际国内资金的快速集聚，资金规模由小变大、短期资本变长期资本的杠杆作用上具有其他行业无可比拟的功能优势，因而金融合作应走在最前面。

胡鞍钢（2014）指出，一方面随着中国工业化快速推进，能源消费迅速膨胀，已经成为世界第一大能源消耗国；与此同时，能源进口大规模增长，且目前主要依赖中东和北非石油。中亚地区，尤其是里海圈地区富含油气资源，且距离中国国境线较近，是平衡能源进口的重要战略区。另一方面，中国与中亚地区合作发展有了组织化支持。"随着上海合作组织的成立和其经济合作职能的不断强化，中国与中亚国家的双边贸易开始呈快速增长态势"，"相对于中亚国家而言，中国在其对外贸易中

的地位显著上升”。同时，中国对中亚国家的直接投资也快速增长，已成为中亚国家重要投资来源国，这些都将有利于丝绸之路经济带的建设。

但同时，他也提到中国与中亚经贸合作面临的问题主要是中亚地区经济相对落后、区域发展不均衡、工业体系不健全等因素。首先，中亚地区各国经济发展水平偏低，基础设施比较落后。其次，苏联解体后，中亚地区各国发展差异较大。中亚地区形势复杂，受到各种国际力量的交织影响，政治环境较差，严重制约经济发展。再次，中亚地区能源资源等非常丰富，但工业体系不健全，主要以能源以及矿产、棉花等初级资源为主，不具有较为独立的工业生产技术和能力。最后，中国与中亚地区合作机制不健全，突出地表现为存在大量非关税壁垒和贸易投资障碍等政策性因素制约，以及人员交往补偿等软因素制约，例如中亚国家办理签证、检疫等业务手续繁琐、时间长、费用高，使投资合作十分不便。

三、有关构建丝绸之路经济带的建议

朱苏荣指出：金融支持要以“贸易畅通”为着力点，从制度机制层面推进贸易投资便利化，建立金融改革创新与贸易投融资便利化的联动机制，扩大本币结算规模和范围，推行丝绸之路经济带各国通用的银行卡，推动清算机制建设。以“货币流通”作为突破点，实现丝绸之路经济带合作共赢。丝绸之路经济带建设的根本目的是通过合作实现共同发展，一方面，按照“以点带面，从线到片，以金融合作创新区域内大合作”的发展思路，推动上海合作组织框架下的金融合作机制平台建设；另一方面，构建区域经济合作的全方位金融支持体系，在上海合作组织的框架下，丝绸之路经济带各国经济合作势头迅猛，涉及能源和矿产资源、农业、电力、通信、交通、服务业以及基础设施等各领域，合作规模和档次不断提高。为此，围绕“在巩固贸易合作的同时，加大产业合作”的发展思路，在融资机制、融资模式、便利化金融服务、产融结合等方面构建金融支持能源、贸易、产业全方位合作的支持体系。以金融为媒介，进一步增进区域内民间交流。丝绸之路经济带建设是一项长期战略，除了通过开展公共外交外，民间交往十分必要和迫切。一方面，支持和鼓励区域内金融机构主动开展对外交流活动，包括银行间以及银企间交流，互通金融政策，宣传推广金融产品，便利区域内的企业及个人跨境开展业务；另一方面，以西安为例，可发挥中哈长安国际边境合作中心作为对外交往合作平台的优势，引导鼓励金融机构在中哈长安国际边境合作中心内开展对外交流和展示活动，提供便捷金融服务。同时，境内可依托中哈长安国际边境合作中心优势，举办经济文化对外交流活动，增加民间交流。

第五节　人民币国际化与欧亚金融合作

一、国际化货币

1. 国际化货币的定义

根据国际货币基金组织的定义，国际货币是能够在世界范围内发挥类似金属货币所具备的一般国际价值尺度职能、具有国际清偿货币的作用、可以为各国政府和中央银行所持有、作为外汇平准基金干预外汇市场的货币。

Cohen（1971）最早从货币职能的角度定义国际货币，他认为国际货币的职能是货币国内职能在国外的扩展，当私人部门和官方机构出于各种各样的目的将一种货币的使用扩展到该货币发行国以外时，这种货币就发展到国际货币层次了。

Hartmann（1998）对该定义中的国际货币职能作了进一步的划分，即包括支付手段、记账单位和价值储藏手段。作为支付手段，国际货币是在国际贸易和资本交易中被私人部门用于直接的货币交换以及两种其他货币之间间接交换的媒介货币，也是被官方机构用作干预外汇市场和平衡国际收支的工具。作为记账单位，国际货币被用于商品、服务贸易和金融交易的计价，并且被官方机构用于确定汇率平价。作为价值储藏手段，国际货币在私人部门选择金融资产时被运用，如表示非居民持有的

存款、贷款、债券等价值，而官方机构拥有国际货币和以它计价的金融资产作为储备资产。

2. 货币国际化的影响

（1）为本国增加铸币税收入

国际货币发行国能够从货币的国际使用中取得国际铸币税。国际铸币税是指当货币流通跨越国界时，货币发行国取得的所发行并输出的货币能够代表的购买力与发行成本之间的差额。Aliber（1964）和 Cohen（1971）等验证了发行国际货币的国家能够获得国际铸币税收入。并且，Cohen 认为一种国际货币所能带来的国际铸币税规模在根本上依赖于该货币的国际地位。当该货币在国际上居于垄断地位时，它会给发行国带来相当大的国际铸币税净收益。反之，当该货币面临其他国际货币的竞争时，国际铸币税净收益就会在一定程度上减少；国际货币竞争越激烈，国际铸币税净收益减少越多。以此类推，假设在完全竞争且资本自由流动的情况下，国际货币发行国就可能很难获得国际铸币税净收益。

（2）对本国国际贸易的影响

货币国际化，首先一定会对该国的国际贸易情况产生影响，Grossman（1973）、Page（1977）、Carse（1950）及 Tavlas（1995）的研究结果表明：比较稳定的国际货币通常会被用做国际贸易的计价货币；而美元等国际货币通常在初级产品和资本资产项目下被使用。Prakash、Kannan（2006）在研究货币国际化对于国际贸易的影响时有所创新，他们将重点放在了国际化货币国家的福利水平的提升上。与传统的铸币税研究思路相比，他们所建立的新模型重点关注贸易条件改变而导致的福利改善新途径，并证明了这种福利水平的改善是显著的。以欧盟为例，欧盟由于欧元的国际化而获得的福利收益占其总消费的 1.7%—2.1%，其中铸币税形成的收益仅占 0.5%—0.7%，而更多的福利收益却主要来源于贸易条件的改善。

（3）对货币政策的影响

货币国际化也会影响到一国货币政策制定以及执行效果，任何一个国际货币的发行国的货币政策所面临的政策约束都会发生重大改变。Hilbert（1964）、Bergsten（1975）对美元进行了研究，认为做为世界货币的美元不仅面临特里芬难题，而且还削弱了美元执行独立货币政策的能力。

Tavlas（1998）的研究则表明，不管是盯住汇率制度还是浮动汇率制度，大量流动在外的本币对本国金融政策都将产生重要影响：在盯住汇率制度下，国外持币者偏好的改变可能会导致资本流动，从而减弱货币当局控制基础货币的能力；在浮动汇率制度下，本国资产的外国持有者的偏好改变则会导致汇率大幅度波动，同时也会制约货币当局的国内政策能力。

总的来说，货币国际化一方面会降低货币发行国货币政策的独立性，另一方面也会减弱该国对于国外持币者所带来的风险冲击的能力。

（4）对国内金融市场的影响

Bergsten（1975）和 Tavlas（1998）认为随着某货币在国际上的占有率的扩张，其对于商品和服务的购买以及贷款、投资等都将通过该货币发行国的金融机构进行，因此，直接受益者必为金融部门，表现为其收益的增加。对于货币输出国，货币国际化的福利效应体现在国际货币发行国可以通过发行本国货币为国际收支赤字融资。货币国际化对金融市场的影响还体现在促进金融市场制度的改革。在欧元国际化进程加速的过程中，多名研究者发现欧盟的金融管理机构不得不进行相应的金融机构改革。Portes 和 Rey（1998）认为，伴随着欧元国际化的现状，欧盟机构调整的主要意图是整合欧洲现有的金融市场，并使其交易成本降低，资产流动性增强，形成一个更加广泛而深入的金融市场。

总的看来，货币国际化使货币输出国获得铸币税的同时，金融市场的资产流动性增强，由此将获得更高的市场收益，而货币输出国的金融体制需要做出适应性的调整。

二、作为跨境贸易结算的人民币

国内对于人民币跨境贸易结算的研究分为两个阶段，第一阶段为 2003 年至 2009 年，此时，文献大多在研究人民币边境贸易对于人民币国

际化的重要意义。

巴曙松（2003）提出，边境贸易中的支付结算功能的发挥是人民币在国际贸易中逐步提高人民币作为结算货币的第一步。梅新育（2005）则指出推进对外贸易中的人民币计价结算应当被提升到推进人民币国际化的高度。郑凌云（2006）研究了从周边国家本币结算扩展到非毗邻国家的必要性、可行性后，提出了人民币“边境化—全球化”的发展战略，指出了人民币跨境贸易结算的重要意义。张立群（2008）认为货币结算体系能以美元为中心，依赖于美国强大的经济实力。因此，在短期内，人民币成为国际结算货币并不现实。我国应尽量推行人民币在周边贸易中作为结算货币的交易，为长久的人民币国际化征程做好准备。

在以上学者积极地讨论人民币跨境贸易结算对于人民币国际化的推进作用时，也有学者对其作用的发挥表示出担忧。曹勇（2007）谨慎地认为，人民币跨境结算将面临很多的制约因素，尤其是受制于本国对外贸易占世界贸易中的比重，只有占据世界贸易足够大的比重，方有可能使用本币进行国际贸易结算。

第二阶段为2009年人民币跨境贸易结算试点正式出现至今，在此阶段，学者们除了仍旧会探讨人民币跨境贸易结算和人民币国际化的问题，更多的则是聚焦于人民币跨境贸易结算的推进过程，落脚于人民币跨境贸易结算中逐渐显现的问题以及改善的方向。

1. 人民币国际化与人民币跨境贸易结算

梅德平（2012）认为人民币国际化已成为中国深化经济体制改革与进一步融入国际经济领域的重要选择，推进人民币国际化进程的关键是做好业已在中国对外贸易中广泛实施的跨境贸易的人民币结算改革。李建萍（2013）通过对当前跨境贸易人民币结算的市场供给和市场需求分析，认为人民币结算与人民币国际化是相互推动、相辅相成的，人民币结算的全方位实现要依赖于人民币其他职能全方位的国际化，因此在当前人民币没有国际化之前要全面实现人民币跨境贸易结算是不可能的。

2. 人民币跨境贸易结算发展现状以及制约因素

首先，我国的经济、对外经济发展情况对于人民币跨境贸易结算的推进有影响。黄泽民（2009）认为受制于对外贸易占本国经济的比重，中国经济过分依靠外贸出口影响本币地位，中国外向型经济向内需型经济的成功转型是人民币跨境贸易结算顺利推进的重要条件。郭桂萍（2010）认为推动跨境贸易人民币结算进一步发展，还有很长的路要走。首先是市场还需进一步培育，其次是相关配套措施需进一步完善，更重要的是在如何保持中国经济增长的可持续性等方面下工夫。刘旗（2011）在对我国进出口产品技术结构进行分析时，发现我国出口产品的实际技术水平不高、产品差异性不强，在贸易结算货币选择上居于不利地位，而进口产品因其较强差异性在结算货币选择上具有话语权，认为我国进出口产品结构是导致人民币跨境贸易结算失衡的重要原因。

其次，人民币作为交易媒介的效益和运行效率对于人民币跨境贸易结算的推进有影响。孙立坚（2009）认为人民币跨境贸易结算业务，取决于我国结算体系的先进程度和运作效率，以及能否解决、引导和控制人民币头寸盈余状态下结算过程中非居民的“保值”需求、“增值”需求。朱卫（2010）认为建立境外人民币现钞回流机制，推进我国与周边国家金融合作是人民币区域化的基础。人民币在周边国家流通的范围和深度，主要取决于人民币回流机制的制度安排。由于人民币的不可自由兑换，境外的交易者难以获得人民币，更无法通过银行系统实现支付结算和清算过程，全面推行人民币作为国际贸易的结算货币还存在着相当大的困难和障碍。舒雄（2011）则重点分析我国跨境贸易人民币结算系统存在的问题，认为健全的制度是支付系统安全运行的基石，是维护参与者信心的关键，也是人民币跨境贸易结算顺利开展的保障。

再次，国际对于人民币的认可程度对于人民币跨境贸易结算的推进有影响。余丰慧（2009）认为人民币不断升值为人民币的国际贸易结算使用奠定了一定的基础，但是人民币能否在跨境贸易中顺利推进，主要取决于非居民贸易对象对人民币的认可程度和使用意愿。张大龙（2011）认为目前人民币跨境贸易结算存在的障碍体现在：人民币汇率制度不完善、货币惯性、人民币可接受程度不高、人民币离岸市场缺乏法律支撑、人民币跨境贸易结算监管政策不健全等方面。

最后，法律法规的建设以及政策支持对于人民币跨境贸易结算的推进有影响。许媛媛等（2012）从人民币国际循环的角度，认为法律法规不健全、资本项目开放程度较低、离岸市场发展不足等问题，影响了人民币跨境循环的推进。刘桂平（2012）认为“非单边升值”条件下境外机构的人民币持有动机问题、我国政府和金融机构对于境外人民币的定价权问题以及进一步协调推进上海国际金融中心建设与人民币国际化等三大问题是影响跨境人民币业务持续、健康发展需要解决的主要问题。

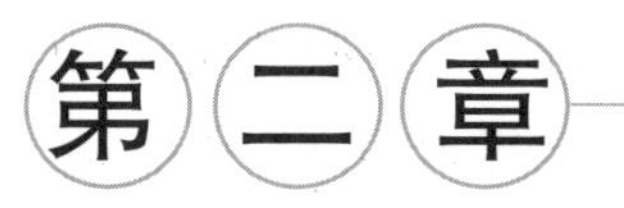

第二章 中国与欧亚金融合作的基本前提

经济全球化、区域经济一体化和金融国际化是当今世界经济发展的三大主要趋势，也体现了当今世界经济发展的重要特征。20 世纪 90 年代和 21 世纪初是世界经济格局发生剧烈变化的一个新的历史时期：一方面，科学技术进一步推动着经济全球化，而经济全球化又推动着区域经济一体化，世界上几乎每一个国家都难以游离于其外，不受到其影响；另一方面，全球区域经济一体化组织风起云涌，从北美自由贸易区的建立和向南美的延伸，到欧盟的东扩，使欧亚各国看到，与大西洋两岸区域经济合作的蓬勃发展相比，欧亚区域合作显得非常滞后。同时也使欧亚各国认识到，没有区域经济合作，各国在全球竞争中会处于劣势，在国际经济规则制定过程中会永远处于较低地位。因此，加强欧亚区域经济合作，组建区域经济联盟，走区域经济一体化的道路具有必要性，也是欧亚各国现在和未来奋斗的目标和方向，欧亚地区金融合作的发展是欧亚地区经济走向融合的必经之路，对实现各国金融互动，促进优势互补，加快金融创新，改善金融生态，推动可持续发展，提升整体竞争力都有着深刻而长远的意义。

第一节　金融合作的必要性分析

一、金融危机和国际大背景凸显欧亚金融合作的必要性

2008 年金融危机过后，亚欧经济体已经较快地从全球金融危机中复苏过来，经济基本面受到的冲击有限。但是此轮危机让亚欧经济体深刻

认识到，摆脱对美元的依赖才是经济良性发展的方向。虽然在欧洲处于债务危机的泥潭、日本经济前景低迷的情况下，美国仍然是相对安全的投资渠道。但是美国已经面临着严峻的预算和经济挑战，持有大量美国国债的亚欧新兴经济体面临的风险将日益加大。在世界经济整体低迷、许多国家经济增长减速的国际大背景之下，深化区域经济合作已成为带动经济发展的重要路径之一。因此，为了应对日益复杂的外部环境，亚欧各国必须进一步加强金融合作，推动区域性和国际性的金融体系改革，才能摆脱金融危机后的经济低迷状态，才能更加有效地防范未知的经济、金融等方面的威胁，从而加速本地区和本国的经济发展，更好地融入经济全球化的大潮中，真正成为世界经济发展板块的另一极。

近十年来，随着亚太经济圈的加快形成，尤其以中国为代表的新兴发展中国家的迅速壮大，全球经济传统格局正在悄然且发生根本性变化。一方面，各种新生市场力量，不仅持续改变着原有国际分工中的市场结构，而且还有力影响着国际分工中的市场质量标准内核，并逐步走出"资源拥有丰富、产业分工低端、技术水准落后和劳动力绝对过剩"的发展怪圈；另一方面，欧美尤其欧洲国家（经济体）由古典经济学"消费主导"理论支撑起来的经济"大厦"，正面临消费过度、福利制度挤压、自然资源禀赋匮乏和劳动力成本上升的多重考验，靠技术手段领先获取劳动生产力"红利"的机会，靠创新商业模式产生竞争优势和超额利润在不断弱化甚至消失。在这种国际环境下，欧亚各国应该抓住机遇，深化合作，提升自身经济和社会的全面发展，以此加速平衡全球经济发达体、次发达体和不发达体的市场利益关系、资源关系、地位关系与角色关系。

二、欧亚经济合作现状的客观要求

欧亚地区各国在经济发展规模、综合实力水平、市场发育程度和法律法规建设方面差异巨大。在成员国中，既有如中俄等经济实力雄厚的大国，又有像吉尔吉斯斯坦等综合国力薄弱的小国。处于转型中的发展中国家，不仅国家间经济发展不平衡，而且在各国内部地区之间的经济

发展也有着相当大的差距。针对各国的资源禀赋和发展现状的不同，通过区域合作的整合功能，才能改变欧亚各国经济发展现状，实现各方面的腾飞。欧亚地区区域经济合作的发展应该借鉴国际上区域经济合作的有益经验，遵从区域经济合作的规律，在解决好本地区经济合作问题的基础上，建立良好的互相依存的经济关系和经贸合作。

目前，在全球区域经济合作方面，欧洲北美已经形成了一个强大的经济联盟，这无疑让欧亚感到压力。而欧亚地区至今还未建立起一个真正意义上的区域经济合作组织，这无疑对欧亚区域的经济合作提出了一个严峻的挑战。2001 年成立的上海合作组织是建立一个多边融资体制的良好开端，其活动宗旨就是建立一个对上海合作组织各成员国政府支持的项目提供融资及相关金融服务的良好机制，为成员国的基础设施、基础产业、高科技领域、扩大出口、社会领域及其他区域性合作项目提供融资支持。上海合作组织的建立，不仅改善了成员国之间的关系，给本地区的经济发展提供了良好的安全保障，而且也提高了本地区在国际政治经济格局中的地位。但是，上海合作组织更注重在经济领域上的合作，可能更多侧重于安全方面的合作。目前欧亚地区的经济合作多是功能性的、非制度化的、松散的合作，虽然取得了一定的成果，但是与世界上其他地区的区域经济发展相比，欧亚地区金融合作没有固定的模式可以效仿，既不是军事同盟，也不是集体安全组织，更不是一个经济一体化集团，贸易合作多于金融合作。这导致只能带来贸易中心城市的发展，无法促进地区经济全面均衡发展，关注能源资源强于金融资源，欧亚经济圈国家除了资源能源优势外，金融资源也正在发生着变化，欧亚金融合作的缺陷使得欧亚经济的发展产生障碍。

三、“一带一路”发展战略的现实要求

“一带一路”贯穿欧亚大陆，东边连接亚太经济圈，西边进入欧洲经济圈。无论是发展经济、改善民生，还是应对危机、加快调整，许多沿线国家同我国有着共同利益。历史上，陆上丝绸之路和海上丝绸之路就是我国同中亚、东南亚、南亚、西亚、东非、欧洲经贸和文化交流的大

通道，"一带一路"是对古丝绸之路的传承和提升，获得了广泛认同。"一带一路"的基本要义是借用古丝绸之路的历史符号，突出和平发展、合作共赢的时代主题，积极主动地发展同沿线国家的经济合作，共同打造政治互信、经济融合、文化包容的利益共同体和命运共同体。如今，建设"一路一带"的构想正逐步变成现实。

丝绸之路经济带是一种创新的合作模式和有效途径。经济带提倡不同发展水平、不同文化传统、不同资源禀赋、不同社会制度国家间开展平等合作，共享发展成果，把地缘优势转换为务实合作的成果。丝路经济带是大国角力的舞台，中国在该地区要找好自己的角色定位，加强与这些国家在能源、交通运输、基础设施互联互通中的沟通和协作，其中最重要的方面就是整合金融资源，深化金融领域合作，尤其是金融机构的合作和金融体系的互相交流，构建更多更大的合作平台，从而使资源的功能放大，达到互利共赢。

四、欧亚金融合作的历史要求

自2005年10月上海合作组织银行联合体正式成立以来，各成员行积极协作，按照市场运作模式，共同为合作项目提供融资支持，使银联体成为推动区域内合作的重要融资平台。1996年，首届亚欧首脑会议在泰国曼谷举行，亚欧大陆上的两大洲从此有了多边对话的重要平台。时至今日，亚欧会议已拥有53个亚太国家和欧洲国家，人口总量占全球约六成，经济总量超过全球一半，在全球范围内有着巨大的影响力。中国作为创始会员国对该会议高度重视，中国总理参与了以往每届亚欧首脑会议。中国总理李克强2014年开启欧洲行，出席第十届亚欧首脑会议，运筹多边外交，提出中国倡议和"一带一路"的发展战略，助力亚欧融合。这将加强亚欧之间的互联互通，发力亚欧大市场建设，释放中欧合作与发展的"红利"。李克强总理在2014年内两次出访欧洲，以中欧合作推动洲际合作，是中欧全面战略伙伴关系日趋全面、战略内涵呈现全球意义的具体体现。2015年的欧亚经济论坛是论坛创办10周年之际，新一届欧亚经济论坛将以丝绸之路经济带建设作为论坛核心主题，在区域

合作重大项目上取得实质性成果，促进丝路经济带战略构想全面实施。

中哈（连云港）物流合作基地已经启用。2013 年中哈贸易额达 285.7 亿美元，同比增长 11.3%. 中国和泰国的合建铁路的项目也会得到推进，在贸易投资的便利化方面也会有新的进展。2013 年，中国与中亚国家关系全面提升至战略协作伙伴关系，经贸合作规模从建交初期至今已增长上百倍。在新的历史时期，中国与中亚地区的合作应更多地运用新思维、新办法。

作为中国最大的对外投融资合作银行，国家开发银行多年来致力于欧亚金融合作，积极推动银联体多边机制建设，开展银行间授信、货币互换、联合贷款、本币贷款等多种业务，支持了中俄石油贸易融资、中亚天然气管道、农业和中小企业等一批能源、基础设施和民生项目。截至 2011 年 6 月底，国开行仅在上合地区贷款余额已达 280 亿美元，有力地促进了合作各方互利共赢。在未来，欧亚各国将共同成立亚洲投资开发银行和“丝路基金”，这将是欧亚合作向前迈进的重要一步，体现了在不同领域包括金融方面的深化合作。

从欧亚合作的整个历程来看，合作的重点从贸易和能源方面转向了各方面，其中就包括金融合作。在世界发展的今天，实体经济的发展固然重要，但是使资金融通于各个行业，充分发挥资金使用价值的金融行业也发挥着越来越重要的作用。欧亚各国已经意识到金融合作的重要性，并将金融合作作为未来合作的重点。

第二节　中国与欧亚金融合作的可行性分析

全球化使欧盟、北美自由贸易区、亚洲经济合作组织为主体的三大区域经济板块，渐渐呈现出政治经济一体化趋势。1999 年 1 月 1 日欧元的正式启动，让欧洲货币联盟地区成为世界最强大的经济区域联盟之一，这给寻求大区域合作的国家和地区带来了成功的模式。从欧盟、北美自由贸易区以及东盟等国际上成功的区域合作经验来看，区域金融合作应符合三个条件：一是合作区域相互毗邻，且处于龙头地位的金融核心区要有足够的吸引力、辐射力和增长力；二是各地区之间经济金融发展具有一定的梯度性，资源优势互补；三是必须形成利益共享、成果多赢的共生型协作机制。在这一点上，欧亚地区相对于其他经济区域，具有明显的可行性。

一、地理区位可行性

欧亚地区地理位置优越，各国区域特征明显，自然资源丰富，经济增长迅速，市场容量巨大，优势互补，经济充满活力，在世界经济中占有举足轻重的地位。其中，中国和俄罗斯是欧亚金融、物流和信息的中心。俄罗斯、中亚各国和中国中西部都处在欧亚大陆的中心地区，俄罗斯与欧盟各个国家联系方便，中亚各国位于欧亚大陆的结合部，地理位置独特，是亚欧大陆跨国交通的重要通道，是国际贸易比较活跃的地区。如果以俄罗斯和中国为内圈和核心圈，第二圈则为哈萨克斯坦、塔吉克斯坦、吉尔吉斯斯坦、土库曼斯坦、乌兹别克斯坦等国家，第三圈就是欧亚的其他国家。

亚欧大陆腹地历来是东西方之间的陆上通道，也曾是世界经济版图中最活跃的地区之一。这块大陆上有着世界上两个重要的经济体、东西方文明的发祥地，是维护世界和平的"两大力量"、促进共同发展的"两大市场"、推动人类进步的"两大文明"，双方合作具有"洲际效应"。古老的丝绸之路，见证了这里历史上的繁荣与辉煌。新形势下，经济全球化不断深入，科技革命迅猛发展，现代交通运输体系逐步加强，亚欧大陆腹地承东启西、资源丰富、市场广阔，迎来了开放发展的新机遇。欧亚合作可以通过"一带一路"推动亚欧互联互通，并辐射至非洲等地。处于龙头地位的核心区是俄罗斯和中国经济圈，该经济中心无论现在还是将来对周边来说都有着极大的吸引力、辐射力和增长力。

二、资源禀赋可行性

一个地区的比较优势、产业的选择和技术进步的方式都会与该地区的资源禀赋条件有关。欧亚，在地理区位上主要是指内陆欧亚，范围包括欧亚大陆中东起黑龙江、松花江流域，西抵多瑙河、伏尔加河流域，北达西伯利亚高原，南到印度河、恒河上游。区域内各种资源十分丰富，

下图为欧亚各地区主要资源及分布和相关产业特点：

表 2－1　欧亚各地区主要资源及分布特点

地区	主要资源	分布及产业特点
中国	煤、钼、萤石、硅藻土、锶、硅灰石、稀土、石膏、钒、钛、钽、钨、膨润土、石墨、芒硝、重晶石、菱镁矿、锑	总量丰富、人均拥有量较低、分布不均衡、开发难度较大
俄罗斯	石油、天然气、煤炭、铀矿、铁、铝、黄金、铬、钛、铜、铅、锌、镍	种类多、储量大、自给程度高、人均资源占有量高、优势明显
中亚五国	石油、天然气、铀、钨、铜、铁、锰、铝、铬、金、铅、锌、钼、磷、钒钛、锡、稀有和稀土金属	矿产资源丰富，但地处内陆，经济结构单一，偏重于资源和原材料的生产和出口
印度	铁矿石、铝土矿、铬、白云岩、煤、石灰岩、锰	内需大、人均占有量低、分布集中度高
伊朗	石油、天然气、铅、锌、铜、铀	经济封闭、生产力较低、对矿产资源依赖程度大
尼泊尔	铁、铜、锌、铅	矿产资源贫乏、对地矿业不重视、基础设施薄弱、缺少资金和技术
巴基斯坦	煤、天然气、铜、铁、铅、锌、铬、金、花岗岩、大理石、石灰石等	分布广泛、资源丰富、政府重视，但由于地质勘查、开发技术水平的局限和资金不足，大部分矿产尚未发掘
蒙古	煤、萤石、铁、磷、铜、钼、锌、金、银等	资源蕴藏丰富、覆盖面广、储量巨大、品种丰富，开发潜力巨大，部分资源勘探程度极低
乌克兰	煤、铁、镍、汞、锰、钛、古墨、耐火土、铝等	尽管资源储备丰富，但由于资源多分布在难于开采的地带，开采量正逐渐减少

资料来源：中华人民共和国商务部网站 http：//www.mofcom.gov.cn/

从资源禀赋来看，欧亚经济区各国之间资源禀赋条件的差异明显，互补较强，为经济、金融、能源、贸易等合作奠定了良好的基础；欧亚经济区必须充分发掘和利用区内资源禀赋条件的这种差异和比较优势，寻找合作的契机，实现共同发展。

三、经济发展可行性

在欧亚经济区中，经济发展水平呈现出梯度性差异，这种差异为区域经济的合作奠定了良好的基础。在欧亚各国中，中国和俄罗斯经济发展水平较高，近些年来中国大陆经济的飞速发展不仅促进了本国人民生活水平的提高，还为周边各国经济贸易的发展带来机遇，此外，中国丰富的劳动力和原材料等资源优势，也为区域产业提供了广阔的经贸平台；俄罗斯则是欧亚区域经济合作的桥梁，并在各国产业升级和产业转移中发挥重要的辐射作用。中亚地区的油气资源推动了该地区经济的发展，由于中国、日本、韩国和印度的石油需求，特别是中国能源进口需求的快速增长为中亚油气东输提供了市场和机遇。但西亚、南亚各国经济都不发达，资金也不雄厚。欧亚地区各个国家资源、人力等方面各有优劣，这为该地区经济发展的可行性提供了坚实的基础，只要各国发展各自产业优势、共同合作，金融资源的整合和放大欧亚地区区域经济将得到快速有效的发展。

在欧亚合作的国家中，大多是新兴经济体和发展中国家，这些区域有广阔的基础建设的空间，和中国产能过剩的情况形成互补。未来这些国家的固定资本形成无论从绝对规模还是比率来看，都有巨大的再推进过程。通过"一带一路"的发展战略，深挖我国与沿线国家的合作潜力，是稳定我国出口和提振经济增长的重要举措，无疑将为市场释放巨大的活力，同时实现相关国家多赢，迎来共建"亚洲梦"的新时代。

四、金融发展可行性

从金融发展来看，欧亚地区金融合作发展有利于加快中国和俄罗斯

金融业的进一步发展，扩大两国金融资本的辐射面，为金融业发展提供更大的市场空间和更多的机会。其他国家也在自然资源、劳动力、土地等方面各自具有不同的优势。虽然欧亚各国在自然环境、经济发展、文化传统、宗教信仰等方面存在着一定的差异，但近些年来，欧亚各国政府都大力倡导对外开放，将引进外资、开拓国际市场作为促进经济发展的重要战略。此时，正需要一种强大的推动力将资金与自然资源进行充分的整合，利用优质资源吸引投资，弥补开发中的资金不足，以促进经济发展和社会进步。欧亚地区的金融合作可以使得区域内资金配置的效率得到有效的提高。

我国的国家开发银行致力于对欧亚国家提供资金支持，并在构建和实践欧亚金融、能源和基础建设的合作方面取得了一定成就。这为整合其他国家的金融资源提供了一个有力的平台，可以考虑欧亚合作国家中更多的有实力的银行参与其中，为区域建设发挥积极作用。在欧亚合作的进程中，人民币周边化的范围和影响将扩大，这将是人民币国际化进程中的重要一步。

第三节　发展前景展望

如何拓宽欧亚金融合作的范围？如何让欧亚金融合作落到实处？多层次构建欧亚金融合作平台能不能实现？又通过何种措施来实现？

一、整合区域比较优势

欧亚各国的经济金融发展水平和对外开放程度具有较大差异性，决定了欧亚区域经济金融合作只能是分层次、有步骤地逐步推进。整合区域比较优势的主要思路是加大四个建设，具体内容包括：

1. 加大主导产业建设——高新技术产业

加大主导产业高新技术产业的建设，力争在5—10年内，把欧亚区域建设成以技术和资本为纽带，建立以中国和俄罗斯为核心的扇形辐射的高新技术网络，构建高新技术产业群和产业带；推进高新技术企业战略性结构重组，组成高新技术企业的联合舰队。

2. 加大工业产业建设——现代制造业

应加大工业产业现代制造业的建设，应大力发展临海工业、临江工业和山区工业发达产业带，构建世界级制造业体系及产业链和基地群。在发达地区，建设国际性集群式的制造业基地，培育一批核心竞争能力强的区域企业集团；在首都城市和其他区域中心城市，建设区域性扇形辐射工业制造、服务和控制中心。

3. 加大农业产业建设——现代农业和海洋江河产业

应加大现代农业和海洋江河产业建设，同时，加快区域各国的经济结构的战略性调整，根据各国的自然条件，建设能发挥各国资源和特色优势的农业生产基地。同时，把海洋与江河资源产业作为支柱产业，把海洋与江河资源优势转化为经济优势。

4. 加大消费产业建设——旅游业和现代服务业

应加大旅游业和现代服务业的建设，制定旅游规划，整合旅游资源，从纵横两方面重点规划精品旅游项目和特色旅游线路。

二、拓展金融媒介宽度

1. 金融市场方面的合作

在欧亚区域内的金融合作，尤其要发挥俄罗斯和中国作为国际金融中心的区位优势，各国可借助区域合作的机会，加快本国金融市场的建设，改善金融环境，提高金融市场开放程度，融入到区域经济一体化的进程中，使区域内各国的金融市场之间实现良性互动。

2. 金融机构之间的合作

"欧亚金融合作"概念，是基于金融全球化、金融自由化与区域集团化趋势中，让欧亚金融客观地成为当今与未来区域金融发展的重要组成部分。建议构建多层次多功能的欧亚金融合作机构，主要出于几个方面的考虑。

首先，欧亚金融合作的长效机制需要通过金融机构和金融创新（包括制度建设和产品创新）来兑现和巩固发展；其次，充分兼顾欧亚经济

区相关国家和“自由贸易区”六国的国情，各自发展需求以及欧亚经济区的优势与弱势（如各国资源丰富但经济不平衡，欧亚经济合作起步晚，水平不高，互补性强但拉力不足等）；再次，加强双边与多边合作，公共部门与私人合作，政府与企业的合作，区域内与区域外的合作。

在欧亚金融多层次多功能机构设计中，应包括与资本市场紧密相关的机构，如欧亚创业基金、产业基金、风险基金和各种为中小企业、能源、农业、科技、旅游行业服务的金融中介机构。最重要的还是金融人才资源的开发，尤其是各类金融专业人才、管理人才与领军人才。欧亚金融的合作成功，关键需培育一大批高素质、高智慧、高创造性的金融人才与专业精英。

区域内金融机构之间可以通过相互联动来提供整体性的跨区域金融服务，使区域内客户在经济活动中的需求获得更有效的满足；涉及区域内大型项目的资金支持时，多个金融机构可以通过银团贷款的方式予以合作；在对区域内企业进行重组过程中，可以引入多个机构投资者。

3. 金融公共设施的建设

应注重金融公共设施的建设和金融合作协调机制的建立。欧亚区域金融合作的顺利实施离不开区域金融公共设施建设，这些公共基础设施为区域金融合作中出现的信息流、资金流、人才流提供畅通的渠道，包括区域信息共享系统、区域支付结算平台、区域票据交换中心、区域外汇交易市场、区域信用卡管理中心等，目的在于降低交易成本，提升区域金融业整体水平。

4. 区域金融稳定体系的合作

区域金融稳定应该达到这样一种状态，即区域内整体金融运行环境良好，管理机制健全，并具有较强的风险防范与化解能力。而区域金融合作（如银行内部跨区域合作、跨行跨区域金融市场合作等），都要求更高的监管水平。要保持这种稳定状态，除了各金融机构内部管理体制的不断完善，还必须建立跨区域金融监管、风险预警、风险救助等一系列合作措施，同时还可以进一步研究建立区域征信体系、区域金融信息披露管理系统、区域反洗钱合作系统等。

三、具体实施

对于欧亚金融合作的具体实施，上海国际金融学院院长陆红军倡导"构建欧亚金融合作平台、设立欧亚合作发展基金、成立欧亚开发银行、出台欧亚金融法、制订欧亚金融发展与合作计划……"等系列观点引起了各国金融界的紧密关注。

1. 建立欧亚金融合作平台

上海国际金融学院院长陆红军教授认为，欧亚金融合作平台首先应该要有两个基础的平台：

第一，以欧亚金融论坛为先导的交流性平台，建议在欧亚经济论坛中设欧亚金融合作专题论坛。目前中亚经济区各国在金融合作方面存在的最大困难，是彼此间对对方的经济法律环境和金融法规不够了解。欧亚金融论坛可以定期交流各国最新的金融法规及业务信息，为区域金融协调和监管提供信息服务，并为区内外的金融合作提供便利服务。目前设立中俄金融合作论坛，已成功地召开了三次会议。欧亚金融论坛可作为经济区各国的合作交流论坛，同时也可以设立区内各国央行行长的专题论坛等，以适应欧亚经济开拓初期的金融服务与金融协调。这个论坛可常设在西安，每年设立一个主题，有些专题论坛也可由各国轮流做东道主。

第二，以开发性金融为主导的制度性平台。开发性金融在推进发展中国家或欠发达地区的融资体制与金融基础建设中具有特别的作用，它可利用政府信用优势和连接政府与市场纽带的作用，有效地动员社会资源，以项目为融资载体，打通融资渠道，并以市场业绩机构来推动项目或企业成长中各个环节的体制建设，促进区域经济健康发展。应该加强开发性金融在欧亚经济中的作用，尤其是在目前与不久的将来可以通过建立"欧亚合作发展基金"，以能源、旅游、交通等项目方式进行，如亚洲最成功的案例是亚洲开发银行大湄公河次区域合作项目（以区域基础设施与软环境建设等为主）。可以通过跨金融中心合作的方式，也可以发展金融中心合作的方式，将欧亚金融中心与上海国际金融中心联合，经

营人民币衍生品的交易与开发。

2. 设立欧亚合作发展基金

在欧亚金融合作平台的建立操作步骤上，可通过“欧亚合作发展基金”的形式，过渡到欧亚开发银行。国际经验表明，政策性金融机构也面临一些问题。

首先，政府补贴过重。贷款基本上是优惠性质的多、利率低、金额大、期限长，贷款越多，越容易出现亏损。如日本政府金融机构贷款额在整个系统贷款总额中的比重，60 年代为 10%～15%，到 80 年代增至 25%左右，成为政府沉重负担[①]。在金融自由化浪潮的冲击下，政策性银行的优惠待遇趋于弱化，政策性金融机构与商业性金融机构面临新的竞争态势。

其次，有效性降低，损害金融体系的稳定。如韩国政府曾多次干预政策性金融机构，出现“命令式”金融，出现了颓化银行和颓化企业。80 年代后，韩国经济复苏，从政府主导型向民间主导型转变，推动金融机构民营化和利率市场化，逐步扭转了困境。

3. 成立次区域级的商业银行——欧亚开发银行

建设一个次区域级的商业银行，从根本上符合欧亚经济全面发展的共同利益，已得到联合国贸发组织、上海合作组织秘书处等国际组织和俄罗斯、巴基斯坦等国家与会代表的呼应与赞同。当然，要建成这样一家跨国性的股份制商业银行，是一个系统工程，需要克服一些困难与障碍，也需要时间，但前景是很好的。

次区域级的商业银行：欧亚银行应是由欧亚各国企业参股并以服务欧亚经济建设为主要目标的商业银行。国际经验告诉我们，在一个地区经济发展过程中，开发性金融机构的作用是十分重要和不可取代的，尤其在初期和中期阶段。同时，商业性银行的服务与产品，也是区域经济发展不可缺少的重要力量，尤其在经济全球化与金融自由化时代，商业

① 白钦先，曲昭光．各国政策性金融机构比较［M］，北京：中国金融出版社，1993：75.

银行对于地区经济可持续发展和金融稳定，具有非常重要的作用。

目前，发达国家的开发性金融机构以市场型为多，发展中国家开发性金融机构以政府型为主，但也出现了有的开发性银行向投资性转型的现象，欧亚开发银行（UOAB）的定位模式应当有所创新，要适合欧亚国家的共同利益特点。欧亚开发银行的行址，也可选址中国西安市，这有利于加强中亚国家与中国西北五省的合作，并通过作为我国西北地区金融中心，延伸到上海、香港两个金融中心，实现跨金融中心的合作。

4. 出台欧亚金融法

“欧亚金融合作”是上海合作组织经济功能的核心支柱，欧亚金融定位为次区域金融。其范畴主要包括与本区域经济发展相关的金融体系、金融市场、金融机构、金融产品和金融立法。欧亚金融需要相关国家共同通过“欧亚金融法”和共同制订一个“欧亚金融发展与合作计划”，确立实施方案与时间表[①]。

5. 建立金融技术型平台

在欧亚金融合作平台的基础上，还应该建立两个金融技术型平台，以促进欧亚金融合作的尽快进行。

首先，以金融机构联合为特征的行业性平台。建议设立欧亚银行家协会（UABA），这是对上海合作组织银行联合会的一个补充，作为一个跨国地区性行业协会，可能比一个国内的行业自律组织松散，但比论坛来得紧密，可实行信息、人才与技术的交流合作，尤其是中国的金融人才认证与培训，这是长足发展的动力。

其次，以欧亚银行为实体的商业性平台，建立区内商业性银行。建议由欧亚经济圈各国企业参与入股，筹建真正商业银行意义上的欧亚银行，实行良好的法人治理与全面风险管理。地址可设在国际金融中心城市上海浦东，或者可以设在欧亚大陆桥桥头堡位置的西安。如果欧亚银行亮相，一定会受到各国金融机构的大额支持。

---

① 陆红军．欧亚金融合作应提上日程［N］．第一财经日报，2006－06－16.

6. 建立以人民币为核心的目标汇率区

建立一个以人民币为核心的目标汇率区稳定汇率制度，区域内各国商定一个以欧亚各国货币兑人民币的汇率稳定目标区，当某国实际汇率波动幅度超过目标区幅度时，由该国利用公开市场业务主动买卖干预。为了保证干预顺利进行，可按照各国经济实力，由各国共同出资建立稳定基金，并以股份制的方式设立，以美元或者其他硬通货来交纳股份。同时建立基金管理委员会来进行保值增值等经营管理，有了这样的基金之后，就可以对区内有困难的国家进行无息、低息贷款支持，其方式可以比照IMF（国际货币基金组织）来进行。在建立基金初期，鉴于我国外汇储备数量较多，可出资50%以上，这样既解决和缓解了其他国家外汇储备数量少的困境，也客观地要求人民币须在欧亚经济中担当重要角色的责任和义务[①]。

7. 其他措施

国家开发银行前任董事长陈元在出席2013年9月26日西安召开的欧亚经济论坛金融合作分会上表示，为实现经济持续稳定增长，欧亚各国迫切需要加快经济转型，这是共享发展机遇，增进本地区人民福祉的战略抉择。为全面提高欧亚地区金融合作水平，陈元建议，一是着眼区域长远发展前景，积极推进规划先行；二是欧亚各国金融机构加强中长期投融资合作，使各国早日共享经济转型成果；三是建立持久稳定的区域金融服务机制，提升区域金融合作的层次和水平；四是扩大本币结算和贷款业务，进一步促进贸易与投资便利化。

第四节　本章小结

本章从欧亚金融合作的必要性和可行性方面对欧亚金融合作的原因和理由进行了论证。面对国际大背景的压力、欧亚金融合作的历史和现

---

① 苏培科．欧亚区域金融合作的障碍与路径［N］．中国经济时报，2005－11－09.

状、"一带一路"的战略，欧亚金融合作变得更为切实。在地理、资源、经济、金融等方面，欧亚金融合作具有一定的可行性。最后，本章对欧亚金融合作在未来实现的途径和具体措施给出了展望，从国家和政府的高度以及企业的角度说明了欧亚金融合作的实现给各国经济社会的全面发展带来的辐射效应。

随着国际和地区形势的不断变化，欧亚地区不断加强地区政治经济合作、提升经济合作水平，并进一步推进以能源、交通合作为主要内容的经贸合作，努力克服各成员国历史传统、经济发展水平和政治理念的差异，求同存异、渐进融合，由低到高逐步递进。因此，欧亚各国急需进一步深化金融合作，以金融合作推动经济合作，为经济转型和发展提供重要支撑和充足动力。欧亚各国的经济金融发展水平和对外开放程度具有较大差异性，决定了欧亚区域经济金融合作只能是分层次、有步骤地逐步推进，不可能一步到位。必须要在"平等、互惠、自愿、双赢"的原则下，让各成员国从双边、三边合作入手，进而发展到多边及更广泛的合作。

亚洲和欧洲是世界经济的重要力量，深化亚欧各国和地区务实合作，不仅是彼此的需要，也是世界发展的需要。我们应当以更加长远的眼光、更加开放的胸怀，开拓思路、创新机制，携手推动亚欧合作发展实现新跨越。

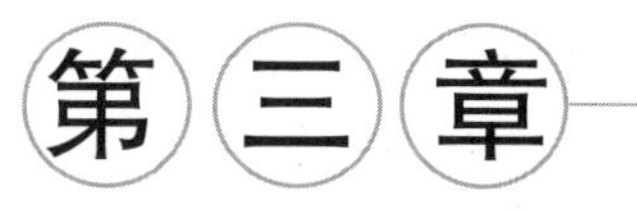

第三章 中国与欧亚金融合作的现状分析

近年来，随着中国与欧亚各国经济贸易往来的不断频繁，中国与欧亚各国之间的经济金融合作也取得了很大成绩，合作途径和方式不断增多，这为进一步加强中国同欧亚各国之间的金融合作提供了坚实基础。与此同时，由于文化、宗教、经济、金融等方面存在多元化差异，在中国与欧亚各国的经济金融合作中也存在一些问题，还需要进一步加强理解和沟通。本章主要从中国与欧亚各国的金融合作现状出发，总结通过合作取得的进步，揭示合作中出现的问题，并从进一步合作的前景着眼，勾画进一步合作的实施措施，为后续几章的研究提供现实基础和支撑。

第一节　中国与欧亚金融合作的空间

欧亚经济联盟于 2015 年 1 月 1 日正式启动。虽然欧亚联盟的前景仍需观察，但构建欧亚联盟是相关国家的合理选择。欧亚联盟在中国周边诞生，无疑会对中国产生许多潜在影响。中国必须理性看待欧亚联盟建设对中国及中国与上海合作组织关系的影响，前瞻性地思考与欧亚联盟的合作，明确合作战略，确立合作重点，确保多层次合作关系并行不悖的发展。

同时，由于“一带一路”战略的提出，也对我国与欧亚国家进行经济金融的合作具有重大的战略意义。从国际视角看，“丝绸之路经济带”两端是当今国际经济最活跃的两个主引擎：欧洲联盟与环太平洋经济带。“丝绸之路经济带”沿线大部分国家处在两个引擎之间的“凹陷地带”，经济发展水平与两端的经济圈落差巨大，交通基础设施供给严重不足。

但该地区有横跨欧亚和与中国接壤的地理优势，有丰富的矿产资源、能源资源、土地资源和人力资源。发展经济与追求美好生活是该地区国家民众的普遍诉求。"丝绸之路经济带"将在空间上形成串联中外的轴线，成为促进中国与周边国家和地区互惠互利、交流合作的纽带。从长期发展看，建设"丝绸之路经济带"可进一步推动亚欧大陆各国的经济合作，促进各国经济发展，进一步改变整个亚欧大陆的经济版图。这一战略实施的终极结果将会构建国际经济新秩序，进而构建国际政治、文化新秩序。"丝绸之路经济带"横跨亚欧大陆，绵延1万多公里，途经近40个国家，总人口近30亿。历史上，古"丝绸之路"就分为北、中、南三线，将亚欧大陆众多的国家连接在一起。而今天，中国与亚欧大陆国家的合作日益密切，"丝绸之路经济带"可通过灵活的合作方式将更多的国家紧密联系在一起。

与欧亚国家的经济合作，首先为我国与相关各国家在产业、贸易和投融资等领域的跨境合作提出了新的要求，其中产业涉及能源、农业、交通、电信、化工、纺织、科技、文化等各个层面，而各类金融需求是在实体经济新要求的基础上衍生出来的。换言之，金融合作体系的构建必须紧紧围绕国家间经济合作带来的实体经济需求变化而展开。金融服务实体经济的具体表现是推进跨境产业、贸易和投资合作的可及性、便利性和安全性。所谓可及性，是指发挥金融的融资功能，使得各类跨境合作项目能获取必要且成本可以承受的资金支持，主要解决跨境合作中资金不足或获得成本昂贵的问题；所谓便利性，是指通过金融机制消除各类跨境合作的障碍，例如货币兑换、支付结算方面的障碍，以促进交易顺畅进行；所谓安全性，是指发挥金融风险管理功能，防范各类跨境合作中的风险，包括政治风险、信用风险、财产风险等。

金融服务实体经济必须建立在沿线各国政府（包括中央政府和地方政府）、各类金融服务机构（包括银行和非银行）和投资者（包括企业和个人）密切合作的基础上。例如，金融提供的可及性，必须首先建立在项目本身可及性的基础上；而跨境项目的开展既离不开沿线国家政府的合作，也离不开投资或者执行该项目的企业间的合作。其中，中央政府的作用至关重要，因

为它通过政治、外交等手段，能督促沿线国家增加对外投资政策的连续性和透明度，提高政府办事效率，以便为金融业务的开展创造更加安全稳定的环境。同时，各类金融工具必须与其他各类政策工具密切配合，形成联动。例如，金融工具必须与国家对外援助政策等相协调配合。

具体而言，在增加跨境产业、贸易和投资合作可及性时可通过以下方式：

首先，积极发挥银行的支持作用，大力发展进出口银行等政策性金融机构的作用，包括利用外汇储备充实其资本金，鼓励其在上合组织银联体框架下扩大信贷融资规模和服务范围，鼓励其加强与国际开发性机构（如亚洲开发银行、世界银行等）以及国际知名商业银行开展合作，借助其他合作机制实现更多融资渠道，扩大贷款规模。

其次，大力发展国际债券市场，充分利用直接融资渠道为中国与欧亚国家合作建设服务，鼓励更多的国家政府和机构在香港等离岸市场发行人民币点心债券，将更多国家的重要机构纳入到人民币合格境外投资者试点范围。

最后，鼓励机构投资者、民间资本的介入，鼓励保险公司、社保基金等合格境内机构投资者参与投资。

在增加跨境产业、贸易和投资合作便利性时可通过以下方式：

首先，加强货币合作，全面开展与欧亚国家的贸易本币结算，由边境贸易扩大到一般贸易，进一步扩大与欧亚国家双边本币互换协议的规模，在加大人民币经常项目自由兑换和结算使用范围的前提下，积极探索实现人民币资本项目可兑换的多种途径，在鼓励人民币“走出去”的同时，研究探索人民币回流机制，推进人民币与欧亚国家货币的直接挂牌、兑换、交易，同时发行中国与欧亚国家通用的银行卡，扩大银联卡在欧亚国家的使用范围。

其次，加强金融机构业务的合作，支持欧亚国家金融机构与我国在对方境内互设分支机构，加强与欧亚国家商业银行之间的合作，在原有的基础上创新更加快捷便利高效的支付工具和支付方式。

最后，加强金融基础设施合作，一是加强欧亚国家中央银行和金融主管部门的沟通与协作，包括定期交流沟通区域内金融形式，协调各自立场，与欧亚国家之间建立双边本币/外币跨境流动统计监测合作机制，建立信息交流机制；二是建立区域征信体系、区域金融信息披露管理系统；三是建立区域反洗钱合作系统。

在增加跨境产业、贸易和投资合作安全性时可通过以下方式：首先，丰富产品创新，开发外汇保险、海外无捆绑贷款保险等新产品；其次鼓励我国商业保险公司开展各类与海外投资活动有关的人身和财产保险，鼓励我国商业银行保险公司通过在欧亚国家建立分支机构或者与本地保险公司开展合作等方式为我国海外合作项目提供财产保险、责任保险等保障，最后鼓励银行与保险公司开展合作，在国内保险公司与银行机构之间建立合作网络，在银行发挥积极作用的每一个地区，保险机构都要介入提供相应的服务，以充分满足多样化的需求。

中国与欧亚国家的金融合作构想框架如图 3－1 所示。

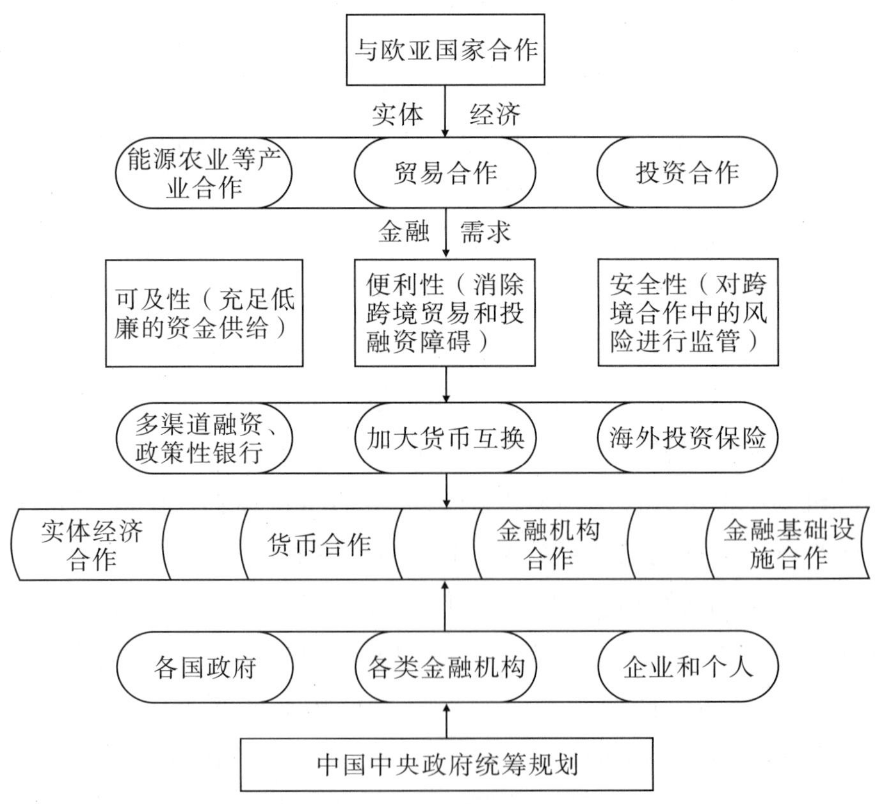

图 3－1　中国与欧亚金融合作体系建设的逻辑图

从图 3－1 可以看出，中国与欧亚金融合作的基础是实体经济的发展；合作的主体主要有政府、金融机构、个人等；合作的途径主要是各种传统金融与现代金融结合的融资方式。

第二节　政府、中央银行间的合作

经济全球化、区域经济一体化和金融国际化是当今世界经济发展的主流。欧亚地区金融合作区的建立对于各国实施金融互动，优势互补，加快金融创新，改善金融生态，提升金融整体竞争力等都有着深刻的现实意义。首先，中国与欧亚地区金融合作可以有效地整合区域内的金融资源。欧亚各国，特别是中国、俄罗斯拥有丰富的金融资源，通过实施区域内合理分工，有效整合区域金融资源，必然会产生巨大的经济效应。其次，金融合作能加快金融创新的步伐。中国、俄罗斯的金融业相对发达，金融总量和金融科技水平在欧亚区域各国内处于领先地位，通过区域内金融合作可以促进各国加快金融创新步伐，提升各国金融服务水平和金融整体竞争力。再次，金融合作能提高金融资源的配置效率。目前，欧亚区域内的合作已涉及基础设施、产业投资、商业贸易、农业、旅游、劳务、科教文化、卫生免疫、环保等多个领域，合作项目的落实最终离不开资金的供给与支持，如果跨国的金融合作有效，就能保证中亚、欧亚各国的信贷资金、保险资金、投资资金的横向合理流动。最后，金融合作能促进世界经济金融一体化的进程。当前，东亚、中亚、欧亚范围内的区域合作和次区域合作方兴未艾，一方面各国为了提高国际竞争力必须保证生产要素和资源的合理流动；同时，也对对接欧盟、东盟区域合作，提高区域内金融资源配置效率和开放水平，保持各国的经济繁荣，有着深刻的现实意义。

在坚持平等互信的原则基础上，中国人民银行与欧亚各国中央银行开展了多种形式的对话和协调，推动区域金融合作向纵深化、多元化方向发展。当前，中国人民银行正与欧亚各国中央银行一道致力创造稳健和充满活力的机制，以推动本地区经济的可持续增长。随着中国和欧亚地区的经济发展，区域内各国银行间的合作也得到了加强和拓展。

中国人民银行通过参与东亚及太平洋中央银行行长会议组织(EMEAP)、东盟与中日韩（10+3）金融合作机制等区域合作机制，增加了与相关地区国家的沟通交流，提升了我国在区域金融合作中的参与力度。在EMEAP机制下，1995—1997年间，鼓励成员间签署双边美元国债回购协议，共同抵御危机影响。2007年成立了副行长级别的货币与金融稳定委员会，逐步构建了区域危机管理框架。定期发布宏观监测报告，关注全球及地区经济金融风险。中国人民银行在推动各方成立副行长级别的货币与金融稳定委员会中发挥了积极作用，并任首任主席。在10+3机制下，2000年5月，各方通过《清迈倡议》，建立双边货币互换协议网络。2010年3月，清迈倡议实现多边化（CMIM），总规模为1200亿美元。2012年5月，CMIM资金规模扩大到2400亿美元，新增危机预防功能。2013年5月，各方通过了CMIM修订稿。目前各方正在履行国内审批程序，并据此修订操作指引，增强CMIM可操作性。此外，2011年5月，10+3宏观经济研究办公室（AM-RO）作为CMIM经济监督机构开始运营，首任主任由中方担任。目前各方已就将AMRO升级为国际组织的协议达成一致，并各自履行国内程序。

2010年9月，我国领导人首次正式提出设立上合组织开发银行（上合银行）的倡议。此后，上合组织各成员国领导人多次重申支持设立上合银行，绝大多数成员国积极响应该倡议。2013年10月，习近平主席赴印尼出席亚太经合组织峰会时提出筹建亚洲基础设施投资银行（亚投行）的倡议。李克强总理在随后出席的东盟领导人系列会议上再次重申了这一倡议。2014年10月，21个国家在北京签署筹建亚投行备忘录，标志着亚投行筹建工作进入新阶段。2015年6月29日，《亚洲基础设施投资银行协定》签署仪式在北京举行，亚投行与7个意向创始成员国财长或授权代表出席了签署仪式，其中已通过国内审批程序的50个国家正式签署《协定》。各方商定将于2015年年底之前，经合法数量的国家批准后，《协定》即告生效，亚投行正式成立。建立区域投融资机构，促进我国与周边国家的基础设施建设，有利于加强我国与周边国家战略合作，促进

和深化与周边国家经济合作，拓展经贸关系；带动国内企业走出去，消化国内富余产能；推动人民币国际化。

目前，已完成以下实质性进展：

跨境人民币业务政策框架基本建立。在目前的政策框架下，跨境人民币业务范围覆盖所有经常项目、对外直接投资、外商来华直接投资等，境内所有从事进出口货物贸易、服务贸易及对外直接投资、外商直接投资企业均可自主选择以人民币进行计价、结算和收付。此外，陆续开展了境外机构投资银行间债券市场、境外项目人民币贷款以及人民币合格境外机构投资者境内证券投资（RQFII）、人民币和非主要国际储备货币的挂牌等业务，双边货币合作不断深化，人民币跨境循环使用渠道日渐顺畅。

人民币在跨境贸易和投资中的使用进一步扩大。一是跨境贸易人民币结算业务保持较快发展。2014 年 1 月至 12 月，全国共办理经常项下跨境人民币结算业务 6.55 万亿元，同比增长 41%，其中以人民币进行结算的跨境货物贸易累计为 5.9 万亿元，而服务贸易及其他经常项目累计为 6565 亿元。二是跨境投资人民币结算业务有序开展。2013 年的直接投资人民币结算业务累计发生 1.05 万亿元，较上年的 5337 亿元大增 97%. 这意味着，人民币国际化正在直接投资领域开花结果。同期，以人民币结算的对外直接投资和外商直接投资分别累计发生 1866 亿元、8620 亿元，对比 2013 年的 856 亿元、4481 亿元，投资额分别按年大增 118%和 92%. 除 QFII 试点机构外，共有 131 家境外机构获准进入银行间债券市场。三是境外机构在境内开立人民币账户个数稳步增加。截至 2014 年 12 月末，境内代理银行为境外参加银行共开立人民币同业往来账户 2855 个，账户余额 18096 亿元；境外企业在境内共开立人民币结算账户 15267 个，账户余额 1024 亿元。

自 2008 年以来，中国人民银行与香港、马来西亚、白俄罗斯、印尼、新加坡、乌兹别克斯坦、蒙古、哈萨克斯坦、泰国、巴基斯坦、阿联酋、土耳其、乌克兰等国家和地区中央银行或货币当局及欧央行签署了 33 个双边本币互换协议，互换总规模超 3.5 万亿人民币。双边本币互换协议在维护金融稳定、便利我国与其他国家或经济体的双边贸易和投资方面发挥了积极作用。截至2014年末，中国人民银行共与9个国家的中央银行签订了本币结算协定，其中与越南、蒙古、老挝、尼泊尔、吉尔吉斯斯坦、朝鲜、哈萨克斯坦等7个国家的中央银行签订的为边贸本币结算协定，允许在我国与周边国家的边境贸易结算中使用双方本币或人民币；与俄罗斯和白俄罗斯2个国家中央银行签署的为一般贸易本币结算协定，允许在边境贸易和一般贸易中使用双方本币或人民币进行结算，降低了相关企业和个人的汇兑成本，规避了汇率风险，对促进我国与这些国家的经贸往来发挥了积极作用。其他合作安排：一是签署跨境抵押安排。2013年11月，中国人民银行与马来西亚央行签署了跨境抵押安排，为金融机构提供流动性，增强了市场信心，维护了金融稳定。二是开展货币直接交易或挂牌交易。2010年，人民币对马来西亚林吉特、俄罗斯卢布在全国银行间外汇市场挂牌交易。目前，我国与新加坡正在就开展直接交易进行磋商。自2011年以来，云南省开展了人民币对泰铢的银行间市场区域交易，山东、吉林、广西和新疆等地开展了人民币对韩元、越南盾、老挝基普、哈萨克斯坦坚戈等周边国家货币的银行柜台直接挂牌交易。2014年12月14日，中国人民银行与哈萨克斯坦国家银行在阿斯塔纳续签了双边本币互换协议，同时签订了新的双边本币结算与支付协议。双边本币互换规模为70亿元人民币，协议有效期三年，经双方同意可以展期。双边本币结算与支付协议签订后，中哈本币结算从边境贸易扩大到一般贸易。两国经济活动主体可自行决定用自由兑换货币、人民币和哈萨克坚戈进行商品和服务的结算与支付。三是关于清算行安排。继港澳清算行和台湾清算行安排后，2013年2月，中国人民银行授权中国工商银行新加坡分行担任新加坡地区人民币清算行。10月，中新联委会第10次会议确定新加坡市场RQFII投资额度为500亿元人民币，并承诺将在条件成熟时开展RQDII投资新加坡市场。2014年3月28日，中国人民银行与德意志联邦银行签署在法兰克福建立人民币清算安排的合作备忘录，之后，将确定法兰克福人民币业务清算银行。

第三节　金融机构之间的合作

2014 年 3 月俄罗斯提出“跨欧亚发展带”构想，作为开发西伯利亚和远东的重要手段与目标。以建设西伯利亚大铁路为依托，带动石油和天然气运输管道的建设，推动高新技术产业群与现代科学工业园区的建设。2014 年 5 月 29 日俄罗斯总统普京、白罗斯总统卢卡申科和哈萨克斯坦总统纳扎尔巴耶夫签订了“欧亚经济联盟条约”。2015 年 1 月 1 日起该协议正式生效。据不完全统计，到 2030 年“欧亚联盟”三个国家的国内生产总值将为 9000 亿美元。“欧亚联盟”三个成员国之间将会取消签证限制，在这一区域内可以自由旅行。中蒙双方对“欧亚经济联盟”的重要性都做出充分肯定，积极寻求三者之间战略决策的契合点。

从现有的基础看，丝绸之路经济带与欧亚经济联盟可将以下领域作为重点方向，开展项目优先合作。

一、互联互通领域的合作

2010—2011 年，在欧亚开发银行的支持下，欧亚经济共同体制订了公路、铁路基础设施发展综合计划，计划到 2020 年前实施 142 个项目，其中 51 个为完善公路、42 个为发展铁路、45 个为建设物流中心（其中 10 个为跨国物流中心）。在互联互通领域，无论是国内项目和运输发展战略，还是国际项目和规划都面临内部融资不足的问题，仅 23 个特大项目总价就达 680 亿美元，单靠欧亚经济联盟自身不能完成，需要吸引国际金融机构和开发机构参加。在更大范围内，由铁路运输组织 1996 年提出的亚欧铁路通道规划也在按计划推进。该规划包括 13 条亚欧铁路通道，主要有中国—哈萨克斯坦—俄罗斯—欧洲、中国—蒙古国—俄罗斯—欧洲、俄罗斯远东—欧洲、欧洲—俄罗斯—高加索地区等方向。这些通道都需利用既有基础设施，通过统一技术标准，实现基础设施的一体化。在亚欧铁路通道上，近年来欧洲和独联体国家多条铁路正在改造。2014 年 7 月 8 日，俄罗斯西伯利亚铁路贝加尔—阿穆尔（贝阿铁路）支线的现代化改造工程已经启动。未来以亚洲铁路网、独联体铁路网和欧洲铁路网为主体结构，通过西伯利亚大铁路、新亚欧大陆桥等亚欧铁路通道连接，亚欧大陆一体化铁路网有望形成，这与丝绸之路经济带建设中的道路联通思想不谋而合。近年来，中国铁路在快速发展过程中，大力推进原始创新、集成创新和引进消化吸收再创新，相关企业在设计、施工、装备制造、运营管理等方面已经形成强大的能力，积累了丰富的经验。再加上中国在资金方面的优势，丝绸之路经济带项目与欧亚经济联盟在铁路建设联通领域可以开展双边和多边等多个层面的合作。

二、电力领域的合作

目前，各国和各大区间电网的互联是全球电力系统的总趋势。互联同步电网的发展将带来巨大效益：一是保障大容量机组、大水电、核电、可再生能源开发和利用，提高能效，降低运行成本；二是减少系统备用容量，推动多种电源互补调剂，节省发电装机；三是实现能源资源的大范围优化配置，有利于竞争性能源电力市场拓展；四是提高电网整体效率和安全可靠性。目前，中国国家电网在总体规模、电压等级、特高压技术、大范围资源配置能力、智能电网建设等方面处于世界领先地位。2014 年 5 月 20 日，中国国家电网公司与俄罗斯电网公司签署了战略合作协议，双方计划在特高压交直流、智能电网的技术研究和应用，输配电建设和改造以及建设欧亚电力桥的可行性等方面开展长期技术交流与互利合作。未来中国如能参与欧亚经济联盟统一电力市场建设，通过跨国联网，既可以向中国送电，也可以向丝绸之路经济带邻近的缺电国家阿富汗、伊朗送电，有利于推进区域经济协调发展，合作前景可观。

三、农业领域的合作

根据欧亚经济联盟条约规定，联盟成立后，将推行共同农业政策，保障农产品和粮食生产与市场平衡发展，在共同农业市场准入等方面提供公平竞争条件，统一农产品与粮食流通条件，保护成员国生产者在国内外市场的利益。此外欧亚经济联盟还将制定共同粮食政策，对农作物

产品种植、粮食市场干预、粮食储备库、价格制定、国家对农业扶持、出口支持等政策进行协调。俄白哈三国国内农业发展条件优越，最近10年来农业实现跨越式发展，2007—2011年，统一经济空间俄白哈三国在全球粮食市场上的占比为：大麦36.3%、小麦21.5%、玉米7.7%. 目前俄罗斯是世界第三大小麦出口国，哈萨克斯坦是世界面粉主要出口国，白俄罗斯农业生产率较高，三国都将农业作为新的经济增长点。中国是世界粮食生产和消费大国，正处在加速推进工业化、城镇化过程中，耕地、水等农业生产基本资源短缺矛盾突出，农业环境污染问题加重。中国农业“走出去”，积极参与国际分工与合作，不断拓展自身的生存与发展空间是顺应当今世界经济发展趋势的战略选择，农业将是中国推进丝绸之路经济带建设中与欧亚经济联盟对接的重要领域。中国与欧亚经济联盟除在农产品贸易领域扩大合作外，在共同进行农业的产业化开发、发展有机农业、农业机械贸易、粮食运输等领域具有广阔的合作空间和潜力。当前，西方和俄罗斯因乌克兰危机展开制裁与反制裁，为中国果蔬产品和猪肉扩大对俄出口提供了契机，相比短期的机会，更重要的是要为长期合作创造条件、奠定基础。

在各国经济领域合作的基础上，也为各国的金融合作提供了契机。中国与欧亚经济联盟成员国的金融合作已经具有良好的基础，2009、2011年，中国分别与白俄罗斯和哈萨克斯坦签署货币互换协议；2014年8月，中俄就货币互换协议达成一致，目前已进入正式审批程序。货币互换并非严格意义上的货币国际化步骤，但却是推进人民币国际化的重要突破口。货币互换必将大幅降低两国货币的融资和兑换成本，为两国贸易企业带来实实在在的便利。之前，中俄已在贸易本币结算、通过中国银联卡系统支付结算等方面取得重要进展。中俄在2014年“5·20联合声明”中已明确表示将推进财金领域紧密协作，包括在中俄贸易、投资和借贷中扩大中俄本币直接结算规模，以保护两国免受世界主要货币汇率波动的影响。俄罗斯外贸银行与中国银行签署协议，计划在多个领域发展伙伴关系，包括在卢布和人民币清算、投资银行、银行间贷款、贸易融资和资本市场交易方面展开合作。未来在丝绸之路经济带与欧亚经济联盟对接中，金融领域将发挥助推器作用。可在以下方面进一步深化合作：一是积极推动双边本币结算，条件具备时推动建立中国与欧亚经济联盟的多边结算体系；二是逐步扩大与欧亚经济联盟成员国货币互换规模；三是积极探索共同出资、共同受益的资本运作新模式；四是促进金融市场稳步开放，搭建跨境金融服务网络，务实加强国际金融治理及金融监管合作，增进金融政策协调。

截至2014年底，中国工、农、中、建、交、国开行、进出口银行、中信银行及富滇银行9家银行机构已在包括俄罗斯、新加坡、越南等14个国家设立了33家机构，机构形式有子公司、分行、代表处。包括俄罗斯外贸银行公开股份公司、泰国开泰银行（大众）有限公司等8个区域内国家的31家银行机构在我国设立了72家机构，机构形式包括子公司、分行、代表处。中资金融机构对"一带一路"沿线主要国家合作项目和基础设施建设提供了有力的金融支持，截至2014年9月末，国家开发银行在"一带一路"周边29个国家累计承诺贷款1905亿美元；截至2013年底，进出口银行对"一带一路"沿线国家贷款余额约2461.75亿人民币，项目主要涉及交通、电力、能源、水利、通信等基础设施建设，高新技术产品、大型成套设备和机电产品出口，以及农林牧渔和矿产开发等领域。同时，配合信贷支持政策，国内金融机构积极开展了为相关合作国家提供战略规划咨询、项目策划、投融资顾问、风险管理为一体的综合性金融服务，以银行"走出去"推动企业"走出去"。截至2014年12月末，26家获批投资银行间债券市场的境外央行中有十余家来自丝绸之路经济带地区，在推动我国债券市场对外开放的同时，也提升了人民币的知名度。

在与欧亚经济联盟合作的进程中，中俄之间的合作又起着举足轻重的作用。在推进亚欧经济融合、建设丝绸之路经济带进程中，中俄金融的互联互通已具有超越双边关系之上的意义，成为提振亚欧经贸合作的助推器，是打通新丝路"经脉"的重要一环。

中俄金融合作，双边本币结算是一大亮点。2002年，中俄签署边贸本币结算协定；2011年，又将本币结算从边境贸易扩大到一般贸易。十

余年实践中，本币结算不但将人民币与卢布带入更广阔的国际贸易舞台，为双方经贸合作带来了更实在的利益，同时也为亚欧各国开展本币兑换与结算提供了良好范例。正如俄罗斯中国总商会会长蔡桂茹所言："有金融推动的地方，企业就愿意加入；企业活跃的地方，金融就愿意参与，这是相得益彰的事情。"

中俄两国经贸合作结构互补，发展空间广阔，目前已形成以金融创新促进贸易便利、以贸易发展带动金融合作升级的良性循环。近20年来，中俄贸易额增长14倍，金融合作形式不断推陈出新。2010年，人民币对卢布交易在莫斯科银行间外汇交易所挂牌，俄罗斯成为首个在中国实现人民币直接挂牌交易的国家。与此同时，中俄两国银行间合作也在逐步推进，以俄最大的商业银行——俄罗斯储蓄银行为例，自2010年开设驻华代表处以来，其在华业绩稳定增长。该行副行长谢尔盖·戈里科夫认为，两国银行合作不应局限于服务双边贸易，而应将目光投向国际市场，在哈萨克斯坦、土耳其等亚欧国家展开更广泛合作。

事实上，从千年之前的票号汇兑到如今的跨境融资，金融合作始终是丝绸之路商贸往来的关键一环。如今，在亚欧国家加快区域一体化的背景下，中俄金融合作在深度与广度上的拓展为整个地区经贸合作注入了强劲动力。2014年5月，俄罗斯、白俄罗斯和哈萨克斯坦三国签署了《欧亚经济联盟条约》，计划在2025年实现商品、服务、资金和劳动力的自由流动。在这一进程中，中俄金融合作将通过在俄罗斯市场收获的积极成效，向欧亚统一经济空间输送正能量。

在2014年5月的亚信峰会上，中俄两国元首共同表达了推进中俄财金领域紧密协作的意愿，包括在贸易、投资和借贷中扩大中俄本币直接结算规模。有理由相信，中俄两个新兴经济大国之间的金融互通互联将有助于提高本地区经济的国际竞争力，带动区域经贸合作整体升级，为新丝路"通络活血"。

丝绸之路经济带建设是谋求沿线各国共同发展、互利共赢的大战略、大布局和大手笔，要真正建成，时间周期不是五年、十年，可能是二十年乃至更长。中国与欧亚经济联盟的合作非常重要，对整个亚欧地区的合作将起到示范引领效应，二者的合作不能仅停留在务虚阶段，更需要脚踏实地的落实。

第四节　现有金融合作中存在的问题

我国与欧亚国家开展金融合作有良好的先决条件。有资源和产业结构上的互补，有维护稳定、保持增长的共同利益，因此各国一直都在致力于建立起稳定、有效的金融合作。然而，仍存在一些因素制约了双方进一步的深入合作。目前，中国与欧亚金融合作中存在的问题主要表现如下：

一、缺乏总体的框架安排

目前，我国与欧亚等国的金融合作缺乏长远规划及分阶段实施的具体措施。金融合作是更高层次的区域经济合作，是经济一体化深入发展的集中表现，需要将金融合作纳入经济、政治、文化等领域的合作轨道，结合地区实际制定符合双方利益的长期战略目标，并采取切实可行的阶段性举措逐步落实共同制定的战略规划，使金融合作真正起到增进各国福利和提高生产效率的作用。但事实上，各国进行货币互换等方面的合作时，更多是迫于当前防范金融危机的需要，在长远的金融与货币一体化目标上考虑不足，在具体步骤上也有待进一步磨合。目前的上合组织仍是一种松散的、俱乐部性质的组织，各国之间协调的工作量大，难度也大，尚无法给各成员国的银行提供统一的项目评估标准和决策建议服务；中国—欧亚银行联合体内成员行也存在贷款政策与当地情况脱节的问题。

二、缺乏有效的金融服务形式

我国的金融机构对欧亚国家的金融支持仍主要以贷款为主，包括政策性银行和商业性银行提供的优惠贷款和商业贷款。而中资企业及中资金融机构在欧亚市场面临的国际竞争日益激烈，来自韩国、日本、美国、

欧盟、土耳其、伊朗等区域的竞争对手实力普遍较强，且在有些国家已经较早地设立了分支机构，相对中资机构更了解当地情况。另一方面，由于受到政治格局的影响，我国对欧亚地区的投资流量并不稳定，波动剧烈。2007—2010 年对土库曼斯坦的投资增长了 356.5 倍，2011 年之后的投资却急剧下降；我国对哈萨克斯坦、塔吉克斯坦、乌兹别克斯坦这三个国家的投资流量也经常出现明显波动。同时我国对中亚各国的投资极其不均衡，例如，对哈萨克斯坦的投资存量占比达到 70.9%，而对乌兹别克斯坦仅占 3.9%，与其经济实力并不相称。

三、金融管理体制和监管存在差异

当前，欧亚区域各国的金融开放程度以及金融机构的经营管理体制和风险控制模式差异比较大。一般情况下，区域内各国之间资金不能自由流动，这种封闭式的金融业管理模式严重阻碍了资本的快速流动，削弱了金融资金对经济发展的“输血”功能。受现有金融管理体制的约束，各成员国之间的银行不能在异地城市开展业务，银行间信息封闭，成为欧亚各国银行不能进行跨区域资金流动的重要障碍，金融合作的割裂必然阻碍经济合作的深层次推进。因此，加大各国金融开放程度，使市场机制成为区域金融发展的主导是欧亚区域金融资源整合取得成功的关键。欧亚区域的金融合作势必促进各成员国加快金融创新步伐，不断满足新的合作需要。而目前欧亚各成员国之间金融监管体制、金融发展水平以及监管水平存在较大差异，根据区域经济合作理论，区域内各地区发展的不平衡是实现区域合作的基础和前提之一，但由于欧亚区域合作的国家数目较多，导致金融机构跨区域信息交流渠道不畅，区域合作中资金的横向流动必然给监管带来难度，容易产生新的金融风险，这势必会对欧亚区域金融合作形成一定的限制。因此，区域金融合作客观上要求欧亚各国现有的监管模式必须有所突破。

四、跨境金融合作层次较低，且集中度较高

现阶段我国和欧亚各国达成的一些双边和多边协议中，条件优惠的

贷款产品占较大比例，没有涉及更高层次的金融服务。同时，大部分国家的贷款业务主要集中在油气资源开采、管道运输等能源领域，其他行业并未形成真正满足银行要求的有效现金流。较为单一的信用结构会造成贷款集中度过高，对贷款风险的缓释带来不利影响。另一方面，我国对欧亚地区的投资规模仍相对较小，且投资过程不稳定，大型投资项目比较匮乏，优质项目更是难以开发，缺少足够的项目储备。

五、文化差异

我国与欧亚各国存在历史、文化、宗教、政治经济制度以及对外关系等多个方面的差异和分歧。各国对各自的主权意识都较浓厚，而金融合作的推进将不可避免地需要一定程度上让渡部分制定货币和其他经济政策的自主权，这将使得各国难以从整体的角度出发考虑合作，妨碍合作过程中各种政策的协调。

六、经济发展和社会稳定之间存在矛盾

我国与欧亚各国在经济发展水平上存在差异，各经济体的经济周期，面临的内外部冲击作用的方向、影响因素各不相同，这些差异性为实现区域货币金融合作增大了难度。受经济发展水平的影响，“一带一路”沿线一些国家政府的财力有限，难以提供主权担保，影响项目还款来源的稳定性，也增加了中资银行和企业的融资担保成本。同时，法律法规不健全、政府效率低、信用体系不健全、外汇波动较大等问题，均使项目推进的周期增长，资金成本上升。而各国也在政策协调、产业整合等方面容易出现较多冲突。另外，部分“一带一路”沿线国家的政局动荡，经济社会发展缺乏稳定性，影响了金融机构国际业务的开展及金融合作。

第五节　中国与欧亚国家的金融合作定位

古老的丝绸之路从新疆通向亚欧各国，架起了东西交往的桥梁，见证了中国与亚欧经贸的历史，同时也为中国与欧亚国家的经济合作奠定

了良好的基础。

一、金融合作机制日趋完善

一是2011年，中国人民银行正式加入中亚、黑海及巴尔干半岛地区央行行长会议组织，标志着中国与该地区央行之间的交往上升到一个新阶段。二是中俄、中哈双边金融合作机制进一步深化。在中俄总理定期会晤委员会下的金融合作委员会、中哈金融合作分委会等机制下，中俄、中哈加强对话，在本币结算、贸易和项目融资等方面的合作取得积极进展。三是2012年在北京举行的上合组织第二次财长与中央银行行长会议，各国政府就便利成员国间本币结算，筹建上合组织开发银行，上合组织财经合作机制化以及未来的重点合作领域等问题进行了深入讨论，中国与亚欧国家的货币合作有了很大发展。

二、金融合作内容不断拓展

一是双边货币结算合作成果喜人。近年来，中国人民银行先后与世界多个国家中央银行签订了双边贸易本币结算协议和双边本币互换协议，其中包括乌兹别克斯坦、蒙古和巴基斯坦等16个亚欧国家的中央银行。2011年，中俄本币结算从边境贸易扩大到一般贸易。跨境人民币业务快速发展，到目前为止，新疆与哈萨克斯坦、吉尔吉斯斯坦等46个国家开展跨境人民币结算业务，累计办理跨境人民币结算业务量达880多亿。二是积极推动人民币与周边国家币种挂牌。2011年6月，中国银行正式挂牌人民币与哈萨克斯坦货币坚戈现汇交易价格，坚戈成为周边国家与人民币形成直接交易价格的第4个非主要国际储备货币。三是成立上合组织银联体，致力于创新融资合作模式，支持区域内重点项目，开辟了金融合作的新领域。

三、金融机构不断拓展海外市场

目前，我国银行业金融机构在新疆周边国家及西亚等国设立了14家分（子）行，2个代表处，国家开发银行新疆分行向中亚地区派驻了4个工作组。境外分支金融机构为在境外投资的企业提供融资、咨询、结算等贴身服务，有力地支持了境内企业对外贸易与投资的发展。2012 年 7 月，新疆华凌集团成功收购格鲁吉亚 Basis 银行 90%的股份，成为中国民营企业境外收购商业银行的第一个案例，也是中国民营企业在境外多元化发展，特别是在金融领域发展跨出的重要一步。对共同体经济一体化深化所带来的正反两方面的影响，中国应积极采取多种应对措施，利用其提供的机遇，迎接其带来的挑战，尽量避免可能产生的不利影响，促使中国与共同体国家经贸关系的顺利发展。

第六节　中国与欧亚国家金融合作的方向

根据中国与欧亚国家金融合作的现状和存在的问题，在今后的合作中应注意以下方面的合作。

一、加快推进上海合作组织经济合作进程

鉴于除白俄罗斯外，共同体其他成员国均为上合组织成员国，两个组织在成员构成上具有高度重合性，因此，加快推进上合组织经济合作进程，充分发挥其在中国与俄和中亚国家经贸合作中的作用，是未来中长期抵消共同体经济一体化对中国尤其是对新疆和黑龙江省经贸发展的不利影响、保持中国与俄和中亚国家经贸持续稳定发展最行之有效的途径。具体而言，有以下途径：

首先，中国应充分利用上合组织这个机制和平台，通过与俄和中亚国家的磋商谈判，来逐步消除相互间在贸易和投资便利化方面存在的关税及非关税壁垒的障碍，以全面带动区域内贸易发展和投资扩大。唯有如此，中国对俄及中亚国家的投资才会有质的飞跃，中俄两国间的相互直接投资开发力度才能加大，两国贸易才有望逐步实现由产业间贸易向产业内贸易的转化。

其次，采取与条件成熟的成员国（如哈萨克斯坦、俄罗斯）建立边境自由贸易区的模式，走从双边到多边合作的路子，集中力量进行重点

突破，以局部带动整体，推动中国与中亚国家和俄罗斯的经济合作，最终建立起上合组织自由贸易区。

最后，尽快启动一批多方参与、共同受益的经济技术合作项目，特别是能源、电力、交通、电信等领域的项目，是深化务实合作的重要途径。其中，扩大相互间能源合作依然是合作的重点。在上合组织能源合作机制尚不成熟且能源合作面临诸多困难和多国竞争的情况下，中国要赢得与中亚国家和俄罗斯能源合作的主动权，必须在与这些国家协商一致的基础上，制定符合上合组织宗旨、明晰而有的放矢的双边和多边能源合作长期战略纲要；妥善处理好上合组织内双边与多边的能源合作关系，避免相互掣肘和零和博弈，形成合力，力求双赢与多赢的一致性；实现上合组织能源合作方式的多元化。中国还应努力促进成员国交通便利化，当务之急是要积极努力并发挥主导作用，利用上合组织机制及交通部长会议机制，制定出覆盖整个区域的区域性多边运输协定。

二、加大开拓白俄罗斯市场的力度

中国商务部国际贸易谈判代表兼副部长钟山与白俄罗斯经济部长斯诺普科夫在京签署《中国商务部和白俄罗斯经济部关于共建“丝绸之路经济带”合作议定书》。双方将在两国政府间合作委员会经贸分委会框架内，共同推进“丝绸之路经济带”建设，全面提升贸易、投资、经济技术、工业园区合作和基础设施互联互通水平。中白经贸合作已从单纯商品贸易逐步转向经济技术合作，两国在贸易和投资领域合作的势头喜人，但合作规模和水平与双方经济发展水平和潜力尚存在较大差距。中白发展经贸关系虽不具备地缘优势，但位于欧洲中心的白俄罗斯，地理位置十分重要，并且同中欧国家、波罗的海三国和南欧国家有着传统的贸易联系，加强与白俄罗斯的经济联系有利于中国商品进一步向东欧市场辐射。因此，中国应积极采取措施，寻找市场空当，加大对这一市场的开发力度。首先，加强双方在高科技领域的合作。中白在科技领域具有较强的互补性，合作潜力大。就科技实力而言，白俄罗斯在独联体国家中与俄罗斯、乌克兰呈三足鼎立之势。白俄罗斯的科技优势主要体现在机器制造、电子和微电子、光学和激光技术等，白俄罗斯基础研究实力雄厚，许多科研成果具有较大价值，但许多科技半成品没有得到应用。因此，中白两国应优势互补，努力加强高新技术在商品化、产业化和国际化方面的合作，加强在技术创新领域的合作，加强现有科技园的建设，鼓励开展直接对口合作等。其次，充分利用白方给予中国商品（除绝大部分电子和纺织品外）的普惠制来规避关税壁垒。最后，以白俄罗斯经济自由区为依托，利用各自由区制定的特殊关税、税收和投资优惠政策，与白方共建中国商品加工贸易区。

为提升与欧亚联盟的合作水平，中国不仅要考虑到欧亚联盟的整体需要，还需要根据其成员国的不同需要，处理好与其他三个层次的合作关系。

第一层：中国与上合组织的合作。欧亚联盟与上合组织不同的性质、功能和成员国结构，为两个组织的共存合作提供了基础。为强化两个机构之间的协调，确保上合组织已有协议的执行，中国作为上合组织中最大的经济体，应首先为深化上合组织的合作作贡献。中国应立足于上合组织成员国总理第12次会议达成的基本共识，把“经济＋安全”的合作思路调整为“安全＋经济＋人文”，以更具包容性的发展胸怀，打造更安全、便利、互惠和可持续的发展环境，把维护成员国地区的安全作为首要任务。同时，由于以交通和基础设施为重点的合作可促进区域经济发展，给交通沿线国家带来过境费收入和新的投资就业机会，因而更能获得上合组织成员国的认同和支持。为此中国应强化对上合组织开发银行、新丝路经济带、铁路、公路、航空、信息、能源网络互联互通建设的投资力度，为上合组织成员国和相关的欧亚联盟成员国深化合作创造条件。为了消除上合组织部分成员国对“中国作用”的疑虑，中国必须充分尊重上合组织成员国的多样文明，强化科技、文化、教育、卫生领域的多层次交流，夯实全方位合作的民意，展现中国负责任大国的形象。

第二层：中国与俄罗斯的双边合作。由于俄罗斯在欧亚联盟中有别国难以替代的作用，意愿参与欧亚联盟的成员国会把与俄罗斯的合作放在对外合作的最重要地位，所以深化与俄罗斯在欧亚联盟中的双边合作，

会对中国推进与欧亚联盟的整体合作起到事半功倍的作用。目前，中俄两国经贸合作的总体水平远高于任何一个意愿参与欧亚联盟成员国的水平，因此中俄双边合作既要与欧亚联盟的合作重点保持一致，又要有差异，以便在不断提升全方位合作的同时，创造溢出效应和联动发展效应，通过中俄合力引领欧亚联盟的合作。为此应特别关注：

1. 推进制度改革的合作

一是顺应中俄的共同意愿，共同推进现行国际货币体系的改革，并致力于从双边共识上升至多边共识，共同研究和探索长远战略目标、分阶段实施的路线图、过渡性安排等合作机制，使在欧亚地区建立“超主权储备货币”的努力得到实质性推进。二是规范竞争与合作制度。中俄应以 WTO 规则为基础，通过不断完善和提升已有的合作制度，共建“错位竞争、需求对称、相互依存、互利共赢、稳定发展”的制度平台，以开放、公平、透明为宗旨，不断提高开放水平，打破各种不必要的人为藩篱，为双方资本与商品的自由进出创造条件。

2. 推进贸易方式创新

涉及电子商务、物流运输和各种新型支付结算方式的贸易方式创新是国际贸易领域里的一场革命，蕴藏着无限商机，对提升中俄两国贸易水平具有重要的作用。目前每天通过电子商务平台从中国发送至俄罗斯的商品达 400 万美元，商品涉及服装、鞋类、纺织品和日用百货商品，中国网络销售在俄罗斯的人气声望快速提升。早在 2010 年 12 月，莫斯科银行间外汇交易所就已启动卢布与人民币的直接兑换交易；2011 年 6 月两国中央银行又签署用本币进行双边结算的新协定。但两国在推进贸易方式创新合作中也存在不少制约因素，例如俄方的制度因素、电子商务基础设施条件、物流水平、支付手段相对落后等；而中方企业诚信交易、信用管控和消费维权机制缺失等。为此，两国应着眼于硬件与软件层面推进贸易方式的创新合作。硬件层面包括通过共建、相互投资、单方投资、技术输出、信息交换等手段，提升金融、保险、商检、海关、税务、运输等领域的基础设施条件；软件层面包括相关领域的商务政策协调、法规体系建设、信用服务体系建设、执法合作、纠纷调解等，使两国贸易方式创新实现规范化、制度化、法制化。

3. 提升科技创新合作

从2011年起，俄罗斯致力于通过各项措施改善投资环境，其中包括打造"俄罗斯硅谷"、取消对长期直接投资项目征收资本利得税、开展新一轮的企业私有化、减少80%国家控股企业、放宽对投资者的限制等等。中俄应共同利用好俄罗斯入世和西伯利亚与远东大开发的机会，不断延续近年来两国投资快速增长的良好态势，关注清洁能源、核能源、环境、生物技术、矿产资源、信息网络、运输、生物医药、农业水利、物联网等领域的前沿技术合作，通过共同打造一批中俄高新技术合资企业，形成相互依存的高科技投资与开发体系。此外中国是俄罗斯军工技术出口的第二大市场，两国的军工合作也呈现了量变向质变转化的良好势头，深化两国的军工技术合作也能成为推进两国科技创新合作的催化剂。

6. 强化软经济合作

中俄两国的合作不能仅靠硬经济支撑，还需要软经济来夯实，需要不断强化教育、文化、卫生、知识产权、体育、娱乐、旅游等领域的合作。由于软经济合作并非单靠政府一己之力所能完成，需要社会和民间长期积累，需要充分利用不同层次的交流合作平台，控制和调节双边利益碰撞。中俄必须在新型的大国关系格局中更多地理解对方、支持对方，只有这样才能真正永做"好邻居、好朋友、好伙伴"，中国在欧亚联盟合作平台上的自身利益也能得到实现。

第三层：中国与白俄罗斯等国家的双边合作。任何区域一体化组织对其成员国内外部贸易和合作都有一定的约束效应，但随着要素流动性增强，成员国的要素不可能成为区域一体化组织独有的"专利"，也可以被区域外国家所利用。同时，成员国经济的发展除了依靠区域内要素外，也需要在遵循一体化组织规则的同时借助区域外要素，寻求更多的区域外合作。而区域外国家的要素一旦通过双边合作进入区域内，很容易打开区域一体化的壁垒。这也是为什么当今一方面区域一体化组织迅速发展，另一方面双边（或多边）自由贸易协定越来越多的重要原因。中国也必须两个轮子齐步走，一方面遵循与欧亚联盟合作的基本规则，明确合作战略和重点；另一方面针对欧亚联

盟可能引发的贸易保护政策，根据自己的战略利益，运用欧亚联盟的“灰色区域”条款，通过签订双边（多边）自由贸易协定和自贸区建设等途径，拓展传统与新兴的双边经贸关系。

中国目前主要从白俄罗斯进口钾肥、重型机械和化工产品，出口机电产品、通信产品和纺织品。虽然近几年两国的双边贸易和投资均大幅增长，2012 年双边贸易额比中白建交时（1992 年）增长了 70 多倍，中国企业在对方的承包工程和劳务合作涉及电站、高速公路、铁路改造、智能交通管理等领域；但两国的贸易规模仍然比较小，2012 年中国与白俄罗斯的贸易额只有 30 亿美元。两国签订的许多合作协议，如 2010 年签署的本币结算合作协议、2011 年签署的中国—白俄罗斯工业园合作建设协议，因经济危机、落实不到位等原因而没有得到有效实施。因此中国与白俄罗斯的合作要着眼于近期与远期目标的结合：近期目标在于认真落实中国的在建项目（如明斯克 2 号和 5 号电站、水泥生产线、汽车生产等项目），扎实推进中国—白俄罗斯工业园的合作建设协议，争取在两国双边合作中发挥引领效应；远期目标至少可以包括利用白俄罗斯机器制造、电子、光学技术化工等领域的优势和科研能力深化双边科研合作，利用白俄罗斯国有企业私有化和鼓励外资收购白俄罗斯企业股份的机遇强化中资进入白俄罗斯的力度，使其在未来的欧亚联盟中发挥“关税工厂”作用。

第七节　本章小结

欧亚联盟的发展前景还需要观察，但是构建欧亚联盟是相关国家势不可挡的必然选择，中国必须尊重和理解，并理性看待欧亚联盟对我国和上合组织的潜在影响。在和欧亚国家进行金融合作时，不仅要确保重点，而且也要处理好多层次合作关系，与相关国家实行有差异的合作，保证多种合作关系并行不悖、相互促进。在具体的合作过程中，以负责任大国的胸怀充分考虑合作国家的利益诉求，不干涉相关国家的内政，以互利互惠为原则，以公开透明为条件，以合作促发展，与时俱进地推进与欧亚国家的经济金融合作。

第四章 中国与欧亚金融合作面临的机遇和挑战

20多年来，随着中国同欧亚国家关系的快速发展，古丝绸之路往日的繁荣与辉煌将以一个崭新的面貌来呈现，中国同欧亚国家的互利合作将会达到新的历史高度。2013年9月，国家主席习近平提出共同建设“丝绸之路经济带”的战略构想，希望通过加强政策沟通、道路联通、贸易畅通、货币流通、民心相通，以点带面，从线到片，逐步形成从中国、中亚到西亚及欧洲的区域大合作。金融是现代经济的核心，是区域经济合作的重要纽带。加强对外金融合作，深化区域金融合作与创新，积极开展跨境金融合作，构建新型金融主体和交易方式，推动人民币区域化，发挥金融政策的资源配置功能，是共建“丝绸之路经济带”的重要内容，具有重大意义。“丝绸之路经济带”的复苏和发展，短期合作目标和关键棋局在中亚和俄罗斯，包括哈萨克斯坦、土库曼斯坦、乌兹别克斯坦、吉尔吉斯斯坦、塔吉克斯坦等中亚五国。这些国家文化、民族及宗教信仰纷繁多样，构建经济带是一个庞大的系统工程，既面临机遇也面临挑战。

第一节　中国与欧亚金融合作面临的机遇

我国目前正处在建设新丝绸之路经济带的最佳历史机遇期。当前，东西方之间存在通联的巨大战略需求，而中国又处在绝佳的地缘位置上。过去30年经济高速发展取得的成就，对欧亚各国产生了巨大的向心力，我国当时是复兴丝绸之路的最佳推手。全球金融危机发生后，处在丝绸之路上的国家，包括中俄在内，大都面临着类似的发展问题，有着共同的利益诉求，对合作的期盼远高于利益的分歧，此时推动建立"丝绸之路经济带"，是一个恰到好处的选择。

一、贸易合作不断深化是金融合作的坚实经济基础

截至2013年，中国成为俄罗斯、土库曼斯坦的第一大贸易伙伴，吉尔吉斯斯坦、乌兹别克斯坦与乌克兰的第二大贸易伙伴，哈萨克斯坦、塔吉克斯坦的第三大贸易伙伴（如表4－1）。在"丝绸之路经济带"战略构想中，中亚地区正是该构想的核心地带。随着苏联解体，我国与中亚各个国家的经济贸易往来逐渐加深，中国已成为中亚国家重要的经贸合作伙伴之一。中国与中亚国家建交第一年（1992年），中国与中亚五国的贸易总额仅为4.6亿美元，1992年至2002年近十年间，中国与中亚地区的贸易规模最高也只有20多亿美元，增长只有几倍。但在2002年到2012年十年间呈现出加速发展的态势，到2012年达到459.48亿美元。2006年7月经中哈边界阿拉山口口岸至新疆独山子的中哈—阿独石油管道全线贯通投产，使得中哈原油贸易以每年20%的速度递增。该管线截至2012年11月，已累计向国内输油4991.7万吨，贸易额高达321.54亿美元。2012年，中国与中亚五国实现贸易额400亿美元，已超过欧盟，成为中亚头号贸易伙伴。近十年来，随着区域经济合作的深入，在国家"走出去"战略的推动下，中国对中亚五国的直接投资得到快速发展。根据《2011年度中国对外直接投资统计公报》的数据，中国对中亚五国直接投资存量从2003年底的4409万美元增加到2011年底的403319万美元，增长了90.5倍，推动了中国与中亚合作项目的顺利开展。中国对中亚国家直接投资的快速发展促进了区域内资金的流动，为扩大跨境人民币直接投资规模提供了有利条件。

表 4－1　中国与俄罗斯、中亚五国贸易额

	中亚五国合计（亿美元）	哈萨克斯坦（亿美元）	吉尔吉斯斯坦（亿美元）	塔吉克斯坦（亿美元）	土库曼斯坦（亿美元）	乌兹别克斯坦（亿美元）	俄罗斯（亿美元）
2008 年	308.23	175.52	93.33	15.00	8.30	16.07	568.31
2009 年	237.44	141.29	53.30	14.07	9.57	19.21	387.97
2010 年	301.34	204.49	42.00	14.33	15.70	24.83	554.55
2011 年	396.51	249.61	49.76	20.69	54.77	21.67	792.53
2012 年	459.48	256.82	51.62	18.57	103.72	28.75	881.61

资料来源：中国统计年鉴 2009—2013

二、良好的外部环境有利于金融合作的顺利开展

国际金融危机爆发以来，由于世界能源资源价格高企、各国应对及时和中国提供信贷支持等因素，俄罗斯和中亚国家的经济经受住了考验，近年来的年均增长率均高于世界平均水平，对外贸易和接受外来投资呈增长势头。但近两年，随着中国经济增速放缓、俄罗斯和中亚国家资源型经济难以持续，各国纷纷提出经济转型、提升本国产业结构的目标，这些都需要大量投资支撑，各国亟须发展资金和机会，这为中国利用自身的资金、技术、设备和人才优势扩大与各国的合作提供了契机。这些国家为了改变经济结构单一的现状，纷纷制定有利于经济结构调整的发展战略。如 2012 年哈萨克斯坦开始实施《2010－2014 国家加速工业创新发展纲要》，把农业、冶金业、石油加工、电力、化工和制药、信息通信和交通运输、建筑业列为优先引资发展方向。吉尔吉斯斯坦《2013－2017 年稳定发展战略》把交通、电力、采矿、农业、轻工业、服务业等作为重点发展方向，2013 年该国的纺织业、渔业、肉类生产企业、“玛纳斯”国际机场、“INFOX 信息中心”等领域和项目都在积极寻求中方投资伙伴。2007 年塔吉克斯坦制定了《塔吉克斯坦共和国截止 2015 年的国家发展战略》，2011 年制定了《2012－2014 年国家投资规划》，把水电站建设、公路修复及隧道建设、矿产资源开发、通信网改造以及农产品加

工作为吸引外资重点领域，而中资企业顺利实施的塔乌、塔吉、塔中公路项目及南北输变电线等一系列工程，为中资企业投资该国奠定了良好基础。2010 年乌兹别克斯坦颁布《2011—2015 乌兹别克斯坦工业发展纲要》，2012 年 10 月乌兹别克斯坦颁布了《关于促进外资吸引补充措施的总统令》，将石化、化工、纺织、机械制造、煤炭工业、医药、农产品加工、建材、石油和天然气勘探等领域作为优先发展领域并提供大量优惠政策。2008 年，俄罗斯颁布了《2020 年前俄罗斯联邦社会经济长期发展构想》，鼓励向创新领域投资，把信息、节能、核能、医药、宇航作为优先发展对象，2012 年俄罗斯提出打造多元化"新经济"的构想，把航天、航空、核能、淡水资源、远东和西伯利亚地区开发等领域作为投资合作的重点。

由于地缘因素，中亚五国均为无出海口的内陆国家，其中哈萨克斯坦、吉尔吉斯斯坦和塔吉克斯坦与我国新疆陆地接壤，我国与中亚各个国家的经济贸易往来逐渐加深，中国已成为中亚国家重要的经贸合作伙伴之一。从中亚国家扩大对外交往和中国西部大开发、向西开放、拓展中亚市场的现实以及长远需要来看，"新丝绸之路经济带"的构想无论是对中国还是中亚五国来说都是一次难得的机遇。

三、友好的合作关系为金融合作提供了良好政治基础

20 世纪 90 年代以来，中国与俄罗斯以及中亚各国建立并保持了友好的政治关系，有力保障了经济领域合作的不断加深。2013 年 9 月，中国国家主席习近平访问中亚四国，提出了共建"丝绸之路经济带"的宏伟构想，得到了中亚各方的积极回应。2013 年 5 月，塔吉克斯坦总统拉赫蒙访问中国时，双方签署了《中塔关于建立战略伙伴关系的联合宣言》，在习近平主席出访中亚国家时，先后与四国签署了《中土关于建立战略伙伴关系的联合宣言》《中哈关于进一步深化全面战略伙伴关系的联合宣言》《中乌关于进一步发展和深化战略伙伴关系的联合宣言》《中乌友好合作条约》《中吉关于建立战略伙伴关系的联合宣言》等，这些新的宣言和条约把中国与中亚各国的双方关系都带入"战略伙伴"时代，中亚国

家也表达了实施开放发展战略的意愿，愿意加强与中国的区域经济、贸易等多领域的合作。2009 年 2 月，我国与巴基斯坦签署《中国—巴基斯坦自由贸易区服务贸易协定》，中巴贸易进入全面合作阶段；2013 年 7 月，中巴发布《关于新时期深化中巴战略合作伙伴关系的共同展望》，中国和巴基斯坦成为“全天候战略合作伙伴”。2010 年 9 月，中俄签署了《全面深化战略协作伙伴关系的联合声明》；2012 年 6 月，中俄签署《中国和俄罗斯关于进一步深化平等信任的中俄战略协作伙伴关系的联合声明》；2013 年 3 月，中俄签署《中华人民共和国和俄罗斯联邦关于合作共赢、深化全面战略协作伙伴关系联合声明》，将中俄关系推向了一个新的历史高度。2013 年 10 月，中蒙签署《中蒙战略伙伴关系中长期发展纲要》，将中蒙合作水平提高到新的高度。2013 年 10 月，中印两国发表了《中印战略合作伙伴关系未来发展愿景的联合声明》，中国与印度成为“面向和平与繁荣的战略合作伙伴”。

俄罗斯正在实施创新经济战略和远东开发战略；哈萨克斯坦提出《2050 年前哈萨克斯坦发展战略》；乌兹别克斯坦正在实施《2009—2014 年现代化建设、技术和工艺设备更新计划》；土库曼斯坦正在实施《2020 年前土库曼政治、经济和文化发展战略》；吉尔吉斯斯坦制定了《2013—2017 年稳定发展战略》；塔吉克斯坦正在实施《2007—2015 年国家发展战略》，这些战略都离不开与周边国家的合作。而中国的可持续发展战略、科教兴国战略等正好可与沿线国家的发展战略找到契合点，形成“命运共同体”。

我国与“丝绸之路经济带”国家的友好合作关系为经贸合作提供了良好的政治基础，为共建“丝绸之路经济带”而提出的“政策沟通、道路联通、贸易畅通、货币流通、民心相通”的“五通”发展思路，为我国与“丝绸之路经济带”国家经贸合作指明了发展方向和发展重点。

四、合作交流平台的建立为金融合作提供了交流渠道

近 20 年来，中国与“丝绸之路经济带”各国建立起了良好的合作交流机制，经济合作、军事安全合作、人文交流得以有效开展，地区合作

领域逐步拓展和深入，合作规模不断扩大，合作机制逐渐完善（如表4-2所示）。这些合作组织和交流平台的建立为中国与"丝绸之路经济带"国家开展政治、安全、经济、人文等方面的交流合作提供了有效平台，完备的合作基础有助于中国与"丝绸之路经济带"国家开展双边和多边货币金融合作，将对人民币在区域内的广泛流通起到积极作用。例如，在上海合作组织框架下，中国与俄罗斯以及中亚国家努力搭建金融合作机制和平台，顺利推进欧亚反洗钱与反恐融资小组、银行联合体、财长和央行行长会议等机制建设，形成了宏观多边、中观双边及微观金融机构之间的多层立体金融合作架构。2005年10月上合组织成员国政府授权金融机构在莫斯科签署了《上海合作组织银行联合体（合作）协议》，由此标志着上合组织银行联合体正式成立。依托成员国政府的推动和企业的广泛参与，银联体旨在创建适合本地区特点的多领域、多样化融资合作模式，共同为上合组织框架内的合作项目提供融资支持和金融服务。2009年6月举行的上海合作组织峰会讨论了在未来建立跨国结算方式、扩大外汇储备品种、建立新的超国家货币和结算方式，以及增加本币结算比重等问题，对推进上海合作组织成员国间本币结算合作具有积极意义。

表4-2　欧亚主要合作平台

合作名称	合作内容
上海合作组织	加强成员国之间的互相信任与睦邻友好；鼓励成员国在政治、经济、科技、文化、教育、能源、交通、环保和其他领域的有效合作；联合致力于维护和保障地区的和平、安全与稳定；建立民主、公正、合理的国际政治经济新秩序
欧亚经济论坛	欧亚经济论坛是一个以上合组织成员国和观察员国为主体，面向上合组织所覆盖的广大欧亚地区的，旨在促进欧亚地区各国相互了解、扩大合作开放性高层国际论坛

续表 4—2

合作名称	合作内容
中国—亚欧博览会	中国—亚欧博览会是新疆“乌鲁木齐对外经济贸易洽谈会”的继承和升华，作为集中展示和落实中央对新疆支持政策的平台以及进一步推动对外开放的载体；该博览会每年举行一次，2011 年成功举办第一届博览会，其中，中国人民银行主办了首届中国—亚欧博览会金融合作论坛，揭开了以新疆为基点的中国与亚欧国家金融合作、实施金融向西开放的新篇章
中国—阿拉伯国家博览会	中国—阿拉伯国家博览会以“传承友谊、深化合作、共同发展”为宗旨，是加强中国与阿拉伯国家及其他伊斯兰国家全面合作的重要平台，以 22 个阿拉伯国家并向外延伸至 57 个伊斯兰国家作为合作主要目标国家，加强在能源、金融、清真食品、穆斯林用品、农业、文化、旅游等重点领域的合作，全面搭建中阿、中国与伊斯兰国家商品贸易、服务贸易、金融投资、技术合作、文教旅游等五大平台

五、金融合作体系日趋完善为深化合作积累了经验

1. 中央银行对话交流机制不断健全

2011 年，中国人民银行正式加入中亚、黑海及巴尔干半岛地区央行行长会议组织，标志着中国与该地区央行之间的交往上升到一个新阶段；在中俄总理定期会晤委员会下的金融合作委员会、中哈金融合作分委会等机制下，中俄、中哈加强对话，在本币结算贸易和项目融资等方面的合作取得积极进展；2012 年在北京举行的上合组织第二次财长与中央银行行长会议，各国政府就便利成员国间本币结算，筹建上合组织开发银行，上合组织财经合作机制化以及未来的重点合作领域等问题进行了深入讨论，中国与亚欧国家的货币合作有了很大发展。

2. 金融机构合作不断加深

我国金融机构积极开拓丝绸之路沿线的中西亚市场。截至 2013 年年底，我国银行业金融机构在中西亚等国设立了 14 家分（子）行，2 个代表处。1993 年，中国工商银行第一家海外营业性机构——中国工商银行（阿拉木图）股份公司成立，同时也是第一家进入哈萨克斯坦国内市场的中资银行。同年中国银行阿拉木图分行在哈萨克斯坦成立，为中哈双边贸易的发展作出了积极贡献。作为中国海外业务最大的银行，国家开发银行从 2005 年年底向中亚派驻第一个工作组起，目前已实现中亚五国全覆盖。截至 2013 年 9 月末，国家开发银行在"丝绸之路经济带"周边 29 个国家累计承诺贷款 1767 亿美元。截至 2013 年底，进出口银行对"丝绸之路经济带"沿线国家贷款余额约 2461.75 亿人民币，项目主要涉及交通、电力、能源、水利、通信等基础设施建设，高新技术产品、大型成套设备和机电产品出口，以及农林牧渔和矿产开发等领域。同时，配合信贷支持政策，国内金融机构积极开展了为相关合作国家提供战略规划咨询、项目策划、投融资顾问、风险管理为一体的综合性金融服务。不仅如此，民营资本也积极参与了面向丝绸之路国家的金融并购。2012 年 7 月，新疆华凌集团成功收购格鲁吉亚 Basis 银行 90%的股份，成为中国民营企业境外收购商业银行的第一个案例，标志着民营资本在金融领域跨境发展的重大突破。

3. 金融合作业务快速发展，呈现良好态势

近年来，人民币国际化步伐加快及"丝绸之路经济带"国家交通基础设施不断完善等一系列涉外平台的搭建，为我国与"丝绸之路经济带"沿线国家经贸合作提供了有利的支撑，周边国家以人民币计价、结算的范围不断扩大。2011 年 6 月，中国银行正式挂牌人民币与哈萨克斯坦货币坚戈现汇交易价格，坚戈成为周边国家与人民币形成直接交易价格的第 4 个非主要国际储备货币。近年来，中国人民银行与丝绸之路沿线多个国家中央银行签订了双边本币互换协议和双边贸易本币结算协议，其中包括乌兹别克斯坦、蒙古和巴基斯坦等 16 个亚欧国家的中央银行。2013 年 8 月，中哈霍尔果斯边境合作中心跨境人民币业务创新业务试点获批，合作中心内银行可直接到境外融资和发放贷款，中心内注册的境内企业也可在境外直接融资，中心可开展人民币与中亚国家货币挂牌计价、兑换、结算业务，享有我国最优惠的特殊离岸人民币政策。货币互

换方面，2011 年，中国人民银行与哈萨克斯坦央行签署了 70 亿元的双边本币互换协议，和乌兹别克斯坦央行签署了 7 亿元的双边本币互换协议，为人民币在中亚国家跨境结算业务的开展奠定了良好的基础。本币结算方面，2011 年，央行发布《境外直接投资人民币结算试点管理办法》，意味着人民币国际化由跨境贸易结算全面扩展至投资结算领域。截至 2013 年年末，中国人民银行与俄罗斯及白俄罗斯 2 个国家中央银行签署了一般贸易本币结算协定，允许在边境贸易和一般贸易中使用双方本币或人民币进行结算；与吉尔吉斯斯坦、哈萨克斯坦中央银行签订了边贸本币结算协定，允许在我国与周边国家的边境贸易结算中使用双方本币或人民币。货币互换和本币结算有利于降低我国与丝绸之路沿线国家企业和个人的汇兑成本，规避汇率风险，对促进我国与丝绸之路沿线国家的经贸往来会发挥积极作用。另外，我国积极开放银行间债券市场。截至 2013 年 12 月末，26 家获批投资银行间债券市场的境外央行中有 10 余家来自丝绸之路经济带地区，在推动我国债券市场对外开放的同时，也提升了人民币的知名度。

六、货币的多元化需求是深化金融合作的催化剂

2008 年金融危机的爆发对欧亚国家造成了较大冲击，经过研究与反思，欧亚国家普遍认为现行世界货币体系滞后于世界经济发展的需要，改变现行世界货币体系，谋求国际货币多元化势在必行。随着美日以及欧洲等国量化宽松政策的升级，各国央行希望通过增持黄金来实现外汇储备多元化，同时应对货币贬值的风险。为实现国际储备货币多元化，哈萨克斯坦总统纳扎尔巴耶夫多次表示希望在上合组织范围内建立超国家货币。为规避汇率风险，欧亚国家企业对于贸易结算货币多元化有很大需求，这为人民币跨境结算提供了广阔的市场。

经济实力是一国货币国际化的首要前提，作为信用货币，现代主权货币在国际范围内的流通、使用取决于人们对这一货币偿付能力的信心，而货币发行国的经济实力是最强大的信心保证。2013 年中国实际 GDP 在全球经济中所占比重已经达到 12.3%，是世界第二大经济体，这为人民

币国际化提供了重要机遇。可以预测，中国日益壮大的经济实力将对周边国家包括中亚五国产生更大的影响，也将为人民币在欧亚地区的流通与使用提供强大的信心保证。

习近平总书记提出要加强货币流通，加强货币流通将会降低中国与中亚国家之间的贸易成本，提高交易效率，对于促进中国与中亚五国的双边贸易关系具有重大意义。在加强货币流通的过程中，人民币可以借此机会扩大使用范围以及影响力，减少人民币因美元币值贬值而受到的影响，推动人民币国际化，提高中国在国际市场上的话语权。

第二节　中国与欧亚金融合作面临的挑战

"丝绸之路经济带"涵盖欧亚大陆30多个国家，总人口近30亿，文化、民族及宗教信仰纷繁多样，构建经济带是一个庞大的系统工程，将面临巨大挑战。

一、各国经济金融发展水平不均衡

"丝绸之路经济带"各国由于历史、政治、文化等各方面原因，在经济发展水平、经济结构等方面存在较大差别，各国间合作处于发展阶段，资本、信息、技术、劳动力等要素相互流动还不是很频繁。区域内各国的金融开放程度差异比较大，许多国家金融业发展相对滞后，金融机构的信誉级别较低，各国之间资金流动存在限制，制约金融合作深入开展。与这些国家开展经济金融合作，既要注重开发性投资的特点，同时也要避免陷入简单"扶贫"的困境。

区域金融合作对于参与国之间经济与金融发展一致性的要求高于多样性和互补性的要求。经过20多年的独立发展，作为"丝绸之路经济带"核心的中亚各国发展差异日益明显。各国贫富差距、南北地区发展差异、国家发展差异越来越大，逐步形成了哈萨克斯坦对比其他国家一强四弱的格局。中国与俄罗斯如何协调在中亚既竞争又合作的关系，以及中亚区域内的竞争和发展不平衡等都将对"丝绸之路经济带"未来发

展带来严峻挑战。各国在制定金融政策时必然从本国利益出发，对于金融市场的开放步伐不一，增大了金融政策协调难度，加大了实现区域货币金融合作的难度。中亚五国面积约400万平方公里，经济总量和人均占有量都不大。在独立初期，经济短缺，可供消费的商品供应不足，市场发育不成熟，规模较小。虽然在近几年经济发展保持了高速增长，但经济发展水平仍然不高，经济结构单一，国家间经济实力差距较大，在对参与合作的认识上存在偏差，在落实各项合作协议上力度欠缺。

按人均GDP（如表4－3）可将中国、俄罗斯、中亚各国的经济发展水平大致分为两个层次：俄罗斯、哈萨克斯坦、中国、土库曼斯坦四国可划分为第一个层次，乌兹别克斯坦、吉尔吉斯斯坦、塔吉克斯坦三国划分为第二个层次。以经济发展水平为例，根据《2014年经济自由度指数》统计，世界平均经济自由度水平是60.3，中亚国家的平均水平是53.1，其中哈萨克斯坦最高63.7，土库曼斯坦最低为42.4。如果仅从中亚国家市场开放水平来看，吉尔吉斯斯坦的市场化开放水平最高，乌兹别克斯坦的市场开放水平则最低。中国和中亚五国中除中国有比较健全的产业结构外，其余各国是从前苏联中独立出来的，产业结构件并不是特别的合理，导致产品有一定的相似性，在一定程度上制约了金融合作的发展；而且，各国间生产要素的流动性不高，中亚五国自独立以来，各国的经济发展才开始慢慢起稳，各国之间的合作才逐渐开始展开，各国间资本、信息、技术、劳动力的相互流动还不是很频繁。

金融是经济发展的“晴雨表”，各国的金融发展水平适应本国经济发展的需要。区域内部经济发展水平的差距会影响到各国经济金融合作的步伐，一旦各国都想利用政策溢出效应的好处，就会使国与国之间的政策难以协调，导致金融合作基础薄弱，使得金融合作停留在简单的协商对话、政策性协议的签署等初级层面，实质性的金融合作很难广泛展开，进而影响区域金融合作的进一步深化。目前中国的“丝绸之路经济带”构想处于准备阶段，还未明确制度化的合作形式。尽管中亚国家对中国“丝绸之路经济带”构想预期总体持欢迎态度，但因国家发展水平不一，中亚国家利益诉求差异很大，这直接影响着它们对“丝绸之路经济带”

的合作意愿度。此外，经济发展不平衡导致的各国汇率制度安排差异和汇率不稳定，也是制约区域金融合作的重要问题。

表 4－3　部分国家 GDP 和人均 GDP

国别	中国	俄罗斯	哈萨克斯坦	乌兹别克斯坦	土库曼斯坦	塔吉克斯坦	吉尔吉斯斯坦
GDP（亿美元）	82210.2	20298.1	2026.6	511.2	351.6	75.9	64.7
人均 GDP（美元）	6091.0	14037.0	12006.6	1716.5	6510.6	872.3	1159.6

资料来源：IMF，2014 年

二、复杂的地区安全环境阻碍金融合作的开展

在"丝绸之路经济带"战略构想中，中亚地区正是该构想的核心地带。中亚国家民族问题比较复杂，经济也正处在转型阶段，一定程度上影响与我国的互动合作。中亚国家政局大都存在脆弱性和不确定性。从内部看，中亚国家领导人政权交替进入敏感期，在域外势力影响下各国反对派势力日趋活跃，中亚区域内部的水资源和领土争端等不断，毒品犯罪等对沿线国家安全威胁有上升势头。从外部看，俄、中、美、欧、日、印等国与中亚国家在安全、经济、人文领域的合作竞争加剧，公开的、隐性的、直接的、间接的手段和方式在不断调整；随着美国即将从阿富汗撤军，该地区大国势力面临重新洗牌的可能。

众多不确定因素将对"丝绸之路经济带"的建设带来众多的安全隐患，矛盾与冲突致使国家间信任度较低。中亚存在着大量方向不一的区域一体化机制，但是，几乎都一事无成。成功的区域经济合作一定要以较为稳定的政治关系为前提，并有决心让渡部分"主权"，这需要决策者的政治自信和互信。无论是社会动荡，还是极端恐怖活动，都将对中国与中亚国家的经济合作造成直接影响，未来还将面临阿富汗美军撤军可能产生的恐怖主义外溢以及中亚国家领导人更迭带来的挑战，是推行"丝绸之路经济带"金融合作的巨大阻碍。

三、国际政治博弈加剧了金融合作的难度

“丝绸之路经济带”覆盖三四十个国家，它们分别属于若干定位并不一致的地区性国际组织，各国虽然都是独立主权国家，但也不能完全违背已加入的国际组织对成员国的对外经济合作的规定。因此，做到政策沟通，特别是在建立金融一体化问题上，就会产生很大阻力。尤其是作为“丝绸之路经济带”核心的中亚五国牵扯多个地缘政治势力范围，俄罗斯凭借地缘优势和传统影响力，与中亚国家在经济、军事、外交等方面存在密切联系，随着俄罗斯经济实力的增长以及政治态度日趋强硬，其在中亚地区的地位和影响力将得到巩固；美国也积极开拓与中亚的经贸合作空间，包括进行经济援助、开展能源合作、发展贸易和投资，中亚地区在美国全球战略安排中仍然被看作关系到美国国家利益的地区；欧盟和日本也在中亚地区积极开展经济援助、对外投资、能源合作等方面的合作；中国在中亚区域的贸易竞争、货币竞争的压力日益增加，这都给中国扩大向西开放，拓展中亚市场，推动“丝绸之路经济带”内金融合作带来了严峻挑战。

在“丝绸之路经济带”战略构想中，中亚地区正是该构想的核心地带。显然，该构想的提出是以中亚地区相对和平稳定的环境为前提条件的，而目前大国关系的变化可能导致“丝绸之路经济带”构想原有的外部环境发生变化。在外部环境可能发生变化且有潜在风险的条件下，“丝绸之路经济带”构想的进一步推进可能面临更多的困难和风险。

中亚五国富庶的地下资源进一步增加了其地理地缘优势的附加值。各国蕴藏的矿产品不仅种类多且储量大，其中许多都是具有战略意义的能源性产品。随着世界各国对能源和资源需求的增大，在能源主宰世界经济的国际大背景下，中亚五国丰富的天然气和石油等资源进一步提升该地区的经济价值。随着世界经济区域化和一体化的发展，中亚五国在亚欧大陆的战略枢纽地位还将提升。各种势力的介入既是“丝绸之路经济带”进入该地区的机遇，也是一种挑战，更是一种政治风险，倘若其中一个关系失衡都可能会导致中亚地区再次陷入战争的泥潭。

四、区域合作机制竞争激烈

丝绸之路以其重要的地缘政治和地缘经济地位，吸引了世界的目光。各国纷纷提出自己的战略设想，其中影响较大的有美国的“新丝绸之路”、日本的“丝绸之路外交战略”、俄白哈等国的“俄白哈关税同盟”、哈萨克斯坦“新丝绸之路项目”计划。中国的倡议将不可避免地与这些国家的战略构想发生碰撞。如何发扬包容互鉴、互利合作的精神，统合域内各种机制的合作，发挥该地区持续稳定发展的潜力将是一个巨大的挑战。

1. 美国的“新丝绸之路”

美国异常重视中亚地区的地缘政治价值。2011 年美国提出新丝绸之路计划，以阿富汗为交通和贸易枢纽，将南亚、中亚、西亚连接起来，实现“能源南下，商品北上”的计划，加强阿富汗与巴基斯坦等周边“古丝绸之路经济带”国家的经贸合作。随后，推动其西方盟友和国际社会参与“新丝绸之路”计划便成为美国外交政策中的一项重要内容。“新丝绸之路”计划有三个目标：一是在美国战略中心东移的大背景下，巩固阿富汗战果，保证撤军后阿富汗的稳定与发展，恢复阿富汗的“造血”功能；二是加强中亚国家间经济合作，形成区域性的经济利益共同体，为印巴两国合作提供新平台；三是保持并扩大美国在该地区的影响力，降低中亚国家对俄罗斯和中国的依赖，实现美国“重返亚洲”和“亚太再平衡”战略。

2. 日本的“丝绸之路外交战略”

日本提出“丝绸之路外交”的初衷是保障能源来源的多元化。日本早期并不重视中亚外交，直到 1997 年桥本内阁首次提出“丝绸之路外交”设想，将中亚五国及外高加索三国定为“丝绸之路地区”。日本的中亚外交战略转向务实，有两大目标：一是扩大日本在中亚地区的影响力，希望得到中亚国家的支持，成为联合国安理会常任理事国，以提高自己的政治地位；二是加强与中亚国家的经贸往来与合作，争取该地区能源开发及贸易的引领权，以增加日本能源进口渠道。日本执行“丝绸之路

外交”的主要方式是：由日本政府提供开发援助，帮助丝绸之路沿线国家完善公路、铁路、电力等基础设施建设。在“丝绸之路外交战略”政策的指导下，日本对中亚地区的经济援助大幅提升，增强了双方的政治、经济互信。日本政府的开发援助，为日本在这一地区赢得了好名声。为了推动丝绸之路外交，日本自2004年起推动设立“中亚＋日本”机制，通过五国外长的定期会晤来加强日本与中亚国家在贸易、投资、交通、能源、生态和卫生等领域的合作。

3. “俄白哈关税同盟”

2010年1月1日俄白哈三国成立关税联盟，这是在欧亚经济共同体框架下成立的新关税同盟。从2011年7月起，三国取消了相互之间的海关，商定了统一对外关税。2011年11月18日，俄白哈三国首脑在莫斯科签署了“欧亚经济一体化宣言”。2012年1月1日，三国启动统一经济空间，成立了超国家机构——欧亚经济委员会。2012年俄白哈三国贸易继续发展，三国贸易总值达685.8亿美元，与2011年相比增长8.7%．其中，白俄罗斯、俄罗斯的相互贸易分别增长12.6%、9.4%，哈萨克斯坦下降3.7%，而同期关税同盟三国与未加入关税同盟的其他国家进出口贸易总值下降。这说明关税同盟的创造效应明显。俄白哈三国一体化的目标是与欧亚经济共同体一起发展的，预计在2015年建立具有经济、军事、安全等多方面合作的欧亚经济联盟，促进独联体地区的一体化发展。强化关税同盟和统一经济空间成员国是欧亚一体化发展方向。俄白哈关税同盟建立后，贸易扩大示范效应、贸易转移效应及俄罗斯的积极推动，对其他国家加入关税同盟将起到积极促进作用。2013年10月25日，俄白哈三国首脑决定：支持亚美尼亚、吉尔吉斯斯坦加入关税同盟。随着俄白哈关税同盟成员国的不断增加，将会产生更大的贸易转移效应，必将对我国与俄罗斯、中亚等国经贸合作产生不利影响。

4. 哈萨克斯坦“新丝绸之路项目”

2012年，哈萨克斯坦总统纳扎尔巴耶夫提出了“新丝绸之路项目”，即依托哈萨克斯坦在亚欧大陆中心位置的地缘优势，建成以铁路运输为主，集水运、陆运、航运、管道等多种运输方式为一体的国际交通运输网络，使哈萨克斯坦成为连接欧亚的交通枢纽。哈萨克斯坦意图通过"新丝绸之路项目"，加强国内交通基础设施建设，提高国际运输能力，拓展其发展空间，提升其在国际层面的影响力。该项目已获得世界银行的支持，计划于2020年前使哈萨克斯坦中转运输能力翻一番。

五、金融体系不健全制约金融合作发展

丝绸之路涉及的国家和地区较多，绝大部分的金融服务需要多个国家的货币金融体系相互合作，涉及货币兑换、金融基础设施的联通、监管协调，以及双边、多边层面的跨境货币金融合作框架的设计等。虽然目前各国都认识到了开展区域金融合作有利于自身的经济利益，但是在如何去开展区域金融合作方面，各国之间都没有明确的思路，更谈不上有什么目标。而正是由于对区域金融合作的目标是什么，该如何去实现它等方面的不明确性，将必然导致对合作远景的规划也相当不明确，而这也必将影响到各国区域金融合作的深入发展。

目前中亚国家的金融体系除哈萨克斯坦外普遍不完善，加大了中国与中亚国家开展金融货币合作的风险。另外，中国与中亚国家的边境地区充斥着大量"地摊银行""地下钱庄"，这为边境地区进行走私、贩毒、洗钱的资金跨境流动提供了便利条件，同时，给于人民币跨境流通的流通监管等工作带来了一系列难题。人民币能否被包括中亚各国在内的周边国家民间和官方真正认可和接受，很大程度上依赖于人民币资本项目的开发程度，因为它决定了其他国家的居民和企业用人民币进行交易的规模和水平。中国虽在1996年即已接受IMF协定第8条义务，实现了经常项目可自由兑换，但资本项目开放却进展缓慢，对资本项目过严管制限制了人民币区域化的潜力。这些都决定了推进金融合作还有许多障碍需要清除。

1. 金融管理体制不完善

当前，"丝绸之路经济带"沿线各国的金融开放程度以及金融机构的经营管理体制和风险控制模式差异比较大。一般情况下，区域内各国之间资金不能自由流动。这种封闭式的金融业管理模式严重阻碍了资本的

快速流动，削弱了金融资金对经济发展的输血功能。受现有金融管理体制的约束，各国之间的银行不能在异地城市开展业务，银行间信息封闭，成为沿线各国银行不能进行跨区域资金流动的重要障碍，金融合作的割裂必然阻碍经济合作的深层次推进。以中亚五国为例，由于中亚国家属于经济转型国家，各国的体制正在不断地完善中，市场经济体制尚未完全确立，各项法律、法规不完善且多变，对外经济政策调整频繁，缺乏连贯性和稳定性。一些针对国际合作与开发的文件约束性不强，双方经济合作中缺乏有效的监督管理机制和仲裁解决机制，合作意识不强，特别是在结算方式的选择方面有较多的制约因素，导致双方经济合作中的合约履行率不高，贸易纠纷频发。同时，其金融开放程度还处在一个较低的水平，各国的经营管理体制还不是很健全、风险控制模式也比较落后，各国之间的资金还不能自由流动。正是这种落后的、封闭的、不健全的金融管理体制和模式严重阻碍了各国资本的自由流动，严重制约了金融资金对经济发展的促进作用。因此，加大各国金融开放程度，使市场机制成为区域金融发展的主导，是欧亚区域金融资源整合取得成功的关键。

2. 金融监管体制亟须改革

“丝绸之路经济带”国家的金融合作势必促进各成员国加快金融创新步伐，不断满足新的合作需要。而目前沿线各国之间金融监管体制、金融发展水平以及监管水平存在较大差异，根据区域经济合作理论，区域内各地区发展的不平衡是实现区域合作的基础和前提之一，但由于“丝绸之路经济带”沿线国家数目较多，导致金融机构跨区域信息交流渠道不畅，区域合作中资金的横向流动必然给监管带来难度，容易产生新的金融风险，这势必会对“丝绸之路经济带”金融合作形成一定的限制。因此，区域金融合作客观上要求各国现有的监管模式必须有所突破。

3. 各国对区域内金融资源争夺激烈

各国政府宏观经济调控必须要掌握资源，金融资源就包括其中。由于金融资源能够作为经济发展的要素并且能够带来增值，导致各国政府对金融资源的争夺异常激烈。地方政府争夺金融资源阻碍了区域内资金的合理配置。目前各国地方政府对所属地区金融资源的争夺非常显形化，按市场化规则在区域范围分配金融资源的做法，往往导致金融资源向富裕地区集中。但是各国政府为了本国的利益，总是希望金融资源能为本国所用，于是就会采取一系列的措施去争夺它，使得金融资源的流动受到了一定的限制，给区域金融合作带来了不便。当区域之间出现利益摩擦时，各国地方政府往往以行政区为依托，构筑各种壁垒，阻碍了金融要素资源的自由流动。从中国与有关国家已经开展的金融合作情况来看，双边合作居多，多边合作较少；签订的合作协议居多，建立的合作实体较少；政策性的项目开发较多，商业性的项目开发较少；非约束型的合作平台居多，紧密型的合作平台较少。相对于经贸发展而言，区域金融合作领域窄、程度相对较低，尚处于初级阶段，亟待加强实质性的区域金融合作。

4. 金融合作信息交流机制不健全

目前，丝绸之路沿线国家的经济贸易和资源合作远强于金融合作。尽管中国与俄罗斯、土库曼斯坦、吉尔吉斯斯坦、乌兹别克斯坦、乌克兰、哈萨克斯坦、诺吉克斯坦等国已经建立了广泛的贸易合作关系，但是拥有如此频繁的贸易合作，却没有一个专门服务丝绸之路经济带的金融平台来服务和促进各国的贸易往来。金融方面的合作虽然有所发展，但深度和广度远远不够。中国与周边国家缺乏相互之间金融交流沟通的渠道，双方金融领域获取信息的途径较少，缺乏获得连续系统资料的渠道，无法全面及时有效地了解对方的金融环境、金融制度、经济金融方面的改革措施等。各成员国对彼此的金融法规政策了解不够透彻，长此以往只会促进贸易中心城市的发展，无法促进地区经济全方面均衡发展，最终将会导致经济合作的终止。所以在强调经贸合作和能源合作的同时，要将重点关注能源资源渐渐转向关注金融资源，促进经济合作长久进行。

5. 金融合作层次较低，集中度较高

目前，区域内许多国家金融发展和深化程度低，整体金融市场规模小且高度集中，政府干预、体制僵化、融资效率低。各国进行货币互换等合作时，更多是迫于当前防范金融危机的需要，对长远的金融与货币

一体化目标考虑不足，具体步骤需要进一步磨合。同时，大部分国家的贷款业务主要集中在油气资源开采、管道运输等能源领域，其他行业并未形成真正满足银行要求的有效现金流。较为单一的信用结构会造成贷款集中度过高，对贷款风险的缓释带来不利影响。因此，沿线各国的跨境金融合作还需要总体的规划和长远的蓝图来进行整体统筹。

6. 贸易结算货币选择权有限

从我国与中亚国家的贸易结构来看，中亚国家对中国出口的主要产品为能源和矿产资源产品，从中国进口的主要是轻工产品和机电产品。国际能源和矿产资源长期以美元为国际结算货币，同时，这些资源存在稀缺性和不可替代性以及中国对资源存在较大的需求缺口，导致人民币在资源进口中的支付选择权较弱，因此中国在进口中亚国家产品时人民币结算份额较小；中国向中亚国家出口的轻工产品和机电产品附加值低，竞争力小，对于贸易结算的货币选择权比较有限。

第三节　本章小结

本章以位于“丝绸之路经济带”核心地带的中亚和俄罗斯为切入点，详细分析了欧亚金融合作中面临的机遇和挑战。我国与欧亚国家贸易合作的不断深化，合作交流平台的逐渐建立和完善，外加良好的经济外部环境，都为“丝绸之路经济带”战略的实现提供了难得的机遇。但我们必须清醒地认识到机遇与挑战并存。沿线国家经济金融发展水平不均衡、复杂的地区安全环境、复杂的国际政治博弈以及激烈的区域合作机制竞争无不为“丝绸之路经济带”战略的推进增添了极大的不确定性。

第五章 国际间区域金融合作对中国的启示

中国与欧亚金融合作的时间较短，积累的经验不足，面对金融合作的机遇和挑战，中国应当在借鉴国际间其他区域金融合作经验的基础上，认识到自身在与欧亚金融合作中的优势和不足，借鉴经验，得出启示，从而才能进一步开展欧亚金融合作，提高合作的成功率。本章主要通过分析其他地区的区域金融合作，从中得出对中国和欧亚国家都有益的经验。

第一节 中国—东盟（东亚）

一、历史回顾

自中国—东盟自由贸易区建成以来，中国与东盟的经贸联系日益加强，经贸合作也日益紧密；与此同时金融合作也取得了许多实质性的进展。就合作范围而言，既有金融当局间的合作，也有市场参与主体间的合作。金融当局间的合作主要表现在制度安排、金融基础设施建设等方面，目的是减少彼此间合作的政策壁垒、制度障碍；而金融市场参与主体间的合作，形式表现出多样化，合作的目的也多为实现最小风险下的收益最大化。

1. 金融当局间的合作

金融当局间的合作大多基于东盟“10＋3”（东盟、中国、韩国、日本）框架下，包括区域监督机制、双边货币互换等制度安排，同时也包括结算体系、评级机构建设以及签署监管合作备忘录等金融基础设施建设。制度安排上，主要包括三部分内容：一是对区域风险进行预警的区域监督机制；二是为预防危机，避免流动性不足的双边货币互换。

(1) 区域监督机制

鉴于东南亚金融危机给亚洲国家带来的负面影响，应对危机成为了亚洲国家进行金融合作的主要动力和首要目的。因此，致力于对信息的准确分析，从而进行风险预警的区域监督机制成为了中国与东盟进行金融合作的首要内容，详见表5-1。

表5-1　中国与东盟国家的区域监督机制

达成时间	成果名称	参与国家	主要内容
1997年11月	马尼拉框架(MFG)	中国与东盟六国	利用高层次对话机制的金融经济论坛，作为对IMF的补充，实施对区域经济金融形式的监控；同时为各国提供技术援助，帮助各经济体完善其金融体系
1999年11月	"10+3"监督进程	东盟"10+3"	发布《东亚合作联合声明》，声明决定，将在东盟监督进程中进行的监测活动扩展到中、日、韩，以加强资金流动、信息交换、区域资本流动以及金融改革等领域的监督合作
2001年5月	"10+3"早期预警系统(APT—EWS)	东盟"10+3"	就建立"10+3"早期预警系统达成共识，该预警系统旨在实现对即将发生的金融危机发出预警信号，及时发现东亚经济体在宏观经济、金融和公司部门等方面的脆弱性，以实施有效防范
2011年4月	"10+3"宏观经济研究办公室(AM—RO)	东盟"10+3"	宏观经济研究办公室，一方面是对区域内各成员国的宏观经济情况进行监测，对潜在风险发出预警信号；另一方面是对申请启用货币互换协议的成员国进行客观评估，同时监测成员国在资金拨付后的使用情况以及使用效果

（2）双边货币互换协议

货币互换协议是指参与互换的双方，按照事先商定的规则，互相交换不同货币、相当金额的本金及利息支付，到期后再换回本金的合约安排，而央行间的货币互换协议旨在彼此提供流动性支持，体现互换双方加强合作、共同应对危机的意愿，提振市场信心，促进地区金融稳定。2001 年，中国人民银行在《清迈倡议》框架下同泰国银行签署了金额为 20 亿美元的货币互换协议，这是人民银行第一次对外签署中央银行间的货币互换协议。自此以后，中国人民银行相继与马来西亚、菲律宾、印度尼西亚、新加坡等东盟国家央行签署了累计达 5000 亿人民币的双边本币互换协议。

从表 5-2，我们可以看到，我国与东盟国家签署货币协议规模逐渐扩大，总规模由数十亿美元扩大到数百亿美元；同时，我国与东盟单个国家的货币互换规模也都翻了一倍，甚至数倍。比如泰国，2001 年首次签署货币互换协议的规模只有 20 亿美元，而到 2011 年货币互换扩增到 700 亿人民币约合 100 亿美元，翻了近 5 倍之多。货币互换的币种由此前的美元互换变为双边本币互换，这既提供了流动性支持，同时实现了双边贸易、投资的本币结算，大大降低了交易双方的汇率风险，促进双边贸易和投资的进一步发展。

表 5-2　中国与东盟国家签署的货币互换协议

经济体	签署日期	规模	有效期
泰国	2001 年 12 月	20 亿美元	3 年
马来西亚	2002 年 10 月	15 亿美元	—
菲律宾	2003 年 8 月	10 亿美元	3 年
印度尼西亚	2003 年 12 月	10 亿美元	2 年
印度尼西亚	2005 年 10 月	20 亿美元	—
菲律宾	2007 年 5 月	20 亿美元	—
马来西亚	2008 年 5 月	30 亿美元	3 年
泰国	2008 年 5 月	40 亿美元	3 年
马来西亚	2009 年 02 月 08 日	800 亿元人民币/400 亿林吉特	3 年

续表 5—2

经济体	签署日期	规模	有效期
印度尼西亚	2009 年 03 月 23 日	1000 亿元人民币/175 万亿印尼卢比	3 年
新加坡	2010 年 07 月 23 日	1500 亿元人民币/300 亿新加坡元	3 年
泰国	2011 年 12 月 23 日	700 亿元人民币/3200 亿泰铢	3 年
马来西亚	2012 年 02 月 08 日	1800 亿元人民币/900 亿林吉特	3 年

资料来源：十国人民银行南宁中心支行课题组著《新形势下的中国—东盟区域金融合作：背景、现状及展望（上）》以及王丹、鲁凤玲著《人民银行货币互换实践》

尽管双边货币互换协议一定程度上加深了中国与东盟间的区域金融合作，但货币互换协议自身存在的一些问题却成为进一步深化中国—东盟区域金融合作的瓶颈。首先是规则不明导致谈判成本上升。规则不明下的多轮双边谈判延长了救援时间，使得急需资金援助的国家难以得到及时有效的救援，同时多轮谈判也增加了个别国家违约即拒绝履行双边互换协议的风险。其次，货币互换规模虽然不断扩大，但面对巨额的国际游资，仍是杯水车薪，难以起到其应有的救助作用。最后，组织框架与贷款条件性近于苛刻，到目前为止，相关货币互换未有实质性的使用。

（3）银行间的合作

中国与东盟银行间的合作，主要采取互设分支机构、互为代理行以及业务内容多元化等方式。截至 2012 年 9 月，东盟 10 国已在中国设立 7 家外资法人银行、6 家外国银行分行和 5 家代表处，中资银行在东盟国家共设立 8 家分行；中国与东盟各国银行间建立的代理行、境外账户达 150 家之多，东盟 10 国在中国的银行机构资产总额近 2000 亿人民币，以 2003 年为基期，年均增速达 38%. 东盟国家中，以新加坡与泰国在华分支机构最多，而中国银行在东盟设立分支机构则呈现出以新加坡为中心，向周边国家扩散的特点。就业务内容来说，在华东盟国家商业银行或分支机构经营业务包括批发银行、零售银行等；而在东盟的中国金融机构，开展的业务囊括投资银行业务、中国公民个人理财、代理金属期货交易、东盟在华住房贷款、代理保险和股票投资等。此外，中国国家开发银行还与东盟国家银行发起设立了"中国—东盟银行联合体"。2009 年，温家

宝总理在博鳌亚洲论坛宣布，中国决定设立一个总规模达 100 亿美元的“中国—东盟投资合作基金”，本基金由中国进出口银行发起，旨在为中国与东盟国家企业间的经济合作提供融资支持。该基金主要通过股权或类股权的投资形式，投资中国—东盟区域的基础设施、能源和自然资源等项目。基金于 2010 年 4 月成立并开始运营。

截至 2012 年 5 月，中国—东盟投资合作基金已在菲律宾、柬埔寨、泰国、老挝以及马来西亚进行了如菲律宾航运项目、柬埔寨光纤通讯项目、泰国港口项目等五个项目的投资。中国与东盟银行间的合作，虽取得了一定的成果，但距离双方贸易与投资的需求仍有较大差距。此外合作中仍有不少问题：一方面，双方银行间的合作始终缺乏来自政府层面的规范与指导，专业的银行业合作平台呼之未出。另一方面，在银行经营业务方面，缺乏相应的业务合作机制，使得彼此银行的比较优势难以发挥，反而造成彼此竞争加剧形成金融保护的局面。

2. 金融基础设施建设

中国与东盟在金融基础设施建设方面的合作，涉及范围较广，合作内容较多，囊括了信息共享、双边结算、信用评级等诸多方面。本节主要就银行双边结算与信用评级合作两个方面做重点阐述。

（1）组建银行双边结算网络

中国—东盟自由贸易区的建立，使得中国与东盟各国之间贸易量、投资规模快速增加，无论是一般国际结算还是边境贸易结算在结算量、机构互设等方面都取得较大程度的发展，相比之下，边境贸易结算发展更为迅速。自 2009 年跨境贸易人民币结算试点启动以来，东盟成为跨境贸易人民币结算试点的重点对象，截至 2012 年 6 月，全国各试点银行累计办理跨境贸易人民币结算业务量 3.8 万亿人民币，其中广西所办业务量累计约 803 亿，而直接服务于东盟的结算量则达到了近 707 亿人民币，占到广西累计办理的跨境贸易人民币结算业务量的 88%.

随着双边结算规模的扩大，双边银行结算网络也日益完善，从中越两国签订《关于结算与合作的协定》，到中国的广西和云南等 7 家省级国有商业银行分行分别与毗邻的越南谅山、广宁、老街等省的 7 家国有银行分行签订双边结算协议，再到中国工商银行中国—东盟人民币跨境清算（结算）中心、广西北部湾银行中国—东盟跨境货币业务中心等相继挂牌开业，中国—东盟双边银行结算网络取得实质性的进展。

中国与东盟国家的银行双边结算网络虽取得一定的发展，但服务功能仍较为脆弱。就一般国际结算而言，海外分支机构、代理行数量较少，且在地理上分布不均衡，难以满足双边贸易与投资迅猛发展的要求。此外，发展较为迅速的边境贸易银行结算，因现钞结算以及地摊银行等结算方式的存在，亦始终难以占据主导地位。

（2）构建信用评级体系

自 1975 年亚洲第一家信用评级机构"日本债券研究所"成立以来，亚洲各国相继建立本国的信用评级机构，自此以后，各国评级机构的交流合作也从未间断，其中较为典型的是"亚洲信用评级协会"（Association of Credit Rating Agencies in Asia，ACRAA）。亚洲信用评级协会于 2001 年，由来自 13 个国家的 30 家评级机构组成，旨在对各会员国信用评级机构开展业务指导，为各国评级机构提供人员培训。2003 年，中、日、韩三国与东盟 10 国财长与央行行长会议，成立了基于"亚洲债券市场发展倡议"的区域性信用评级机构问题小组，成立该评级工作组意在协调各国评级机构，为发展债券市场服务。2012 年 5 月，"10＋3"财长与央行行长会议进一步提出了"构建亚洲区域信用评级体系的倡议"，倡议建立本区域信用评级体系，以促进本地区债券市场发展与投融资过程的顺利进行，摆脱国际信任评级机构的"不公正评级"。尽管各国鼓励本国信用评级机构积极参与地区的交流合作，并且也取得了一定的成果，但距离构建本区域的信用评级体系尚有很长的路要走；此中，既需要各国完善自身的评级机构，提升本国评级机构的公信力与市场认可度，也需要各国在评级等级划分、评级过程、评级方法标准、评级政策、评级报告以及评级数据留存等方面达成一致。

（3）签署证券监管合作备忘录

证券监管合作谅解备忘录是签署双方的证券监管机构，通过协商达成一种陈述与说明，并生成有关文件，是国际证监机构较为青睐的双边

合作形式之一。备忘录的内容主要包括：确定信息共享的范围、跨境检查与取证、市场准入与交叉上市、监管人员的磋商与对话、技术援助与培训等几个方面。但就法律约束力来说，谅解备忘录不具国际法律约束力，是一种软约束，因此，其效力更多基于共同利益诉求而非强制性的条约。随着与东盟国家贸易与投资联系的日益紧密，投融资关系也更为密切，证券市场的交流与融合也更为频繁与迅速，因此，证券监管合作亦逐步推进。如表 5－3 所示，截至 2011 年 9 月，我国与新加坡、印尼、越南、泰国、老挝等东盟五个国家签署了证券监管合作谅解备忘录，以加强彼此在证券与期货活动方面的合作力度。

表 5－3　中国与东盟五国签署的证券监管合作备忘录

签署日期	境外监管机构名称	备忘录名称	签署地点
1995 年 11 月 30 日	新加坡金融管理局	关于监管证券和期货活动的相关合作与信息互换的备忘录	新加坡
2003 年 12 月 9 日	印尼资本市场监管委员会	关于相互协助和信息交流的谅解备忘录	雅加达
2004 年 10 月 14 日	印尼商品期货交易监管局	期货监管合作谅解备忘录	北京
2005 年 6 月 27 日	越南证券委员会	证券期货监督合作谅解备忘录	北京
2007 年 4 月 12 日	泰国证券交易委员会	证券期货监管合作谅解备忘录	孟买
2011 年 9 月 19 日	老挝证券交易委员会	证券期货监管合作谅解备忘录	北京

资料来源：整理而得

二、现状及挑战

尽管中国—东盟金融合作取得了较大进展，但目前的合作大多停留在制度框架的搭建层面，内涵建设少，合作程度较低。原因涉及三个层面：一是政治原因，包括由于资源诉求而变得日益微妙的国家关系以及彼此缺乏信任与认同；二是经济因素，包括经济发展水平的差异，产业结构相近而缺乏互补性等；三是金融合作机制自身的原因，如合作机制的缺失与重叠并存，金融体系不平衡，区域主导货币缺失等。

1. 政治矛盾的制约

欧元之父蒙代尔曾指出，深层次的金融合作离不开一定程度的政治融合，缺乏政治协调的区域金融合作是不可能取得成功的；欧元区的经验也表明，一个深层次的金融合作即组成货币联盟，需要一个强有力的政治联盟做后盾。

政治意愿不强及外部势力的干涉。由于“中国威胁论”的论调一直不绝于耳，在与中国开展金融合作过程中，一些东盟国家始终秉持谨慎态度，心存疑虑，缺乏信任，这造成了中国与东盟金融合作的“亚洲传统”特征，即非正式、重共识。这种“亚洲传统”特征的存在，使得合作双方较少形成固定的规则和制度，以协议代之，而区域金融合作往往需要制定一些固定规则与制度以确保合作各国部分让渡制定经济金融政策的自主权。同时，非正式、重共识还会有大国的违约与小国逆向选择风险，这都会成为双方区域金融合作深化的瓶颈。

此外，美国为确保在东亚的战略主导地位，巩固其既得经济利益，对东亚区域的所有合作都保持高度关注，阻挠任何将其排除在外的区域合作组织的建立，并通过各种途径强化亚洲国家包括中国、东盟对其在经济、政治上的依赖性。与此同时，在中国与东盟国家组成的区域内，外汇储备仍以美元资产为主，贸易仍以美元结算为主，这都加强了美国对中国—东盟区域金融合作的影响力。因此，美国无论是确保其在亚洲的现存利益，还是维持美元的核心地位，都不会对中国—东盟区域金融合作放任不管，它必然会直接或间接地进行干预和阻碍，防止或延迟另一个“欧元区”的出现。

2. 区域金融合作的经济基础欠佳

根据最优货币区理论，某区域要开展深层次的金融合作，需具备坚

实的经济基础，包括较高的要素流动性，较为一致的经济发展水平，较高的经济开放程度，互补的产业结构以及较为一致的外部冲击对称性等。反观中国—东盟开展区域金融合作经济基础的现状，已难以满足进一步深化区域金融合作的需要，集中表现在经济发展水平以及经济开放程度的差异较大、产业结构相似度高、外部冲击的非对称性等几个方面。

中国与东盟各国的发展大多建立或曾经建立在“出口导向型”的经济基础之上，这种外向型经济战略过分依赖国外市场，易受国际经济形势与政策的影响。与此同时，各国持续性产业升级受阻，导致产业间垂直分工减少，水平分工增加，从而使得除新加坡外的其他各经济体产业逐渐趋同，出口产业日趋一致，比较优势也变得雷同。

中国与东盟国家在产业结构的分布上大致相同，从第一产业的占比情况来看，除新加坡外，大多国家第一产业占比在10%～20%之间，柬埔寨、老挝与缅甸等国家，因经济发展水平相对较低，其第一产业所占比重较高，在30%～40%之间。在第二产业占比方面，表现出分层现象，除文莱以外，中国、印尼、马来西亚、泰国、越南五个国家为一个层次，第二产业占比为40%左右，新加坡、柬埔寨、老挝、缅甸、菲律宾五个国家为第二层次，占比为25%左右。在第三产业的发展情况上，除新加坡、文莱、菲律宾等国外，占比大都在40%左右。相似的产业结构使得中国—东盟区域内各经济体，在面对外部需求不足，而国内市场短期又难有作为时，加剧对外部市场的争夺以及区域内出口产业的同构竞争，从而出现竞争大于合作的局面，推演到金融合作领域，必然会对区域金融合作形成较大障碍，阻碍中国—东盟区域金融合作的进一步深化。

IMF经济学家Bayoumi和Eichengreen对CAFTA各主要国家同欧盟主要国家，就其受外部冲击的对称性进行了比较分析。分析结果认为在受到需求性冲击时，印尼、马来西亚、新加坡和泰国之间具有较强的相关性；印尼、马来西亚和新加坡受到的供给性冲击较为类似，而菲律宾、泰国等国家偏离度较大，在受到扰动时较为独立。外部冲击的非对称性，使得各成员国需制定独立的金融政策，增加了政策协调的难度即增加了中国—东盟区域金融合作的成本，延缓了区域金融合作进程。

3. 金融合作机制障碍

除了地缘政治因素以及经济基础等制约因素外，金融合作机制自身方面的障碍也是造成合作难以深入的一个重要原因。金融合作机制方面的缺陷一部分来自其本身，另一部分来自其内涵。就其自身而言，缺失与重叠并存；就其内涵来说，既有金融体系发展的不平衡，又有汇率协调机制的选择困局，还有区域内主导货币的缺失。

（1）合作机制功能的缺失与重叠并存

中国与东盟10国均参与的金融合作机制有4个，分别是东新澳央行组织、亚太经合组织财长机制、亚欧会议财长机制以及"10＋3"财长机制；包括中国与东盟5国在内的金融合作机制有5个，前述4个外加上东亚及太平洋央行行长会议。

在包括中国与东盟10国的四个金融合作机制中几乎都具有金融市场发展、经济评估与政策对话两个功能，但却又都不具备银行监督功能。合作机制功能的重复，一面造成了资源的浪费；另一方面会造成研究报告与政策建议相互矛盾的局面，以至于延误机制功能的正常发挥，从而阻碍区域金融合作的深入。银行在中国—东盟区域的金融体系中占据着主导地位，银行监督功能的缺失，增加了区域的系统性风险。此外，现有金融合作机制在金融政策监督方面功能薄弱，预防危机的有效性不强。

（2）成员国金融体系的相对不平衡

区域内各经济体金融体系的不平衡表现为两个方面，一方面是指各经济体自身金融体系结构的不平衡，另一方面指区域经济体彼此间金融体系的不平衡。就单个经济体而言，一个健全的金融体系表现为银行体系与资本市场均衡发展、良性互动。但对于中国—东盟区域内各经济体而言，多数成员国都面临银行体系一支独大，间接融资比重过高，而资本市场发育不健全，直接融资比重过低的金融体系结构失衡问题。就整个区域而言，各成员国金融体系的发展程度、对银行系统的依赖性、金融机构的稳定性和安全性、金融市场的深度与广度等方面也都大不相同，既有金融体系较为完善的新加坡，同时也有处于建设阶段的越南、老挝等国。金融体系的发展失衡，一方面使得区域内金融体系蕴藏较大的系

统性风险，影响区域内的金融稳定；另一方面，降低了各经济体的金融效率，加大了资源在区域内的配置难度，阻碍区域内资本的流动；最后，因风险承受能力的差异，导致相同力度与作用方向的金融政策对不同成员国的实施成本迥异，增加政策协调难度。

（3）汇率协调机制的选择缺乏共识

在汇率协调机制方面，目前颇具影响力的主要有以下三种方式：一是以相同权重钉住共同货币篮子，区域内所有成员国实行共同钉住包括美元、欧元和日元在内的一篮子货币，所有国家采用相同的钉住权重，围绕一个中心价位，进行各自的干预和调整；二是以不同权重钉住一篮子货币，区域内所有成员国以不同权重钉住由欧元、美元、日元组成的一篮子货币；三是共同货币区机制，在区域内成立合作银行，由该银行发行一种新的货币单位，如欧洲货币单位一样，实现汇率水平的对内稳定和对外灵活调整。在中国—东盟区域金融合作进程中，就以上三种方式进行过一轮又一轮的探讨，但始终未达成区域共识。而随着中国与东盟贸易、投资联系的日益紧密，对区域内汇率稳定要求日益强烈，汇率协调机制对于中国东盟区域金融合作不可或缺。

（4）区域内主导货币的缺失

在中国—东盟区域内既没有形成共同货币也没有出现一种主导货币作为锚货币，究其原因主要有以下几个：一是各成员国在选择本区域内货币作为锚货币时，因担心霸权国家的出现疑虑重重，消极被动；二是区域内，无论是东盟国家货币还是人民币现阶段都尚不满足成为锚货币的条件，东盟成员国因自身的经济规模、货币可兑换性难以成为本区域主导货币，人民币在区域内的使用规模日益增大，但仍存在较多限制，如出入境的限额管制制度以及资本项目的非自由兑换等；三是美元仍是区域内储备资产货币、主要结算货币，依赖美元的局面一时难以改变。主导货币的缺失，使得区域内难以形成一种锚货币来实现区域内经济趋同，增加了区域金融合作的难度，阻碍了区域金融合作进程。

三、合作建议

曾作为亚洲四小龙的韩国，尽管在总体经济规模和金融发达程度上都不及日本，但其与东盟的金融合作以及在东亚金融合作中的表现都毫不逊色于日本。在参与东亚包括东盟金融合作的过程中，韩国一方面积极参与，争取金融合作的主动权；另一方面抓紧培育和健全自身的金融产业，以增强其在金融合作中的核心地位。

与中国—东盟紧密的经贸联系相比，中国—东盟区域的金融合作目前还处于较浅层次，尚不能满足双边贸易投资发展的需要。导致中国—东盟区域金融合作进程缓慢的原因较多，既有政治方面的，也有经济方面的，还有金融合作机制方面的。在此我们认为，加深中国—东盟区域金融合作应从以下几方面入手：一是深化区域内各成员国金融当局之间的交流合作，为中国—东盟区域金融合作扫清制度障碍；二是加快成员国间金融市场的融合速度，以巩固本区域汇率稳定的基础；三是继续密切区域内的经贸联系，推动区域经贸一体化，以形成对区域金融合作需求的倒逼。

第二节　中国—中亚五国

一、历史回顾

随着中国与中亚五国经济的发展和经贸关系的不断升级，区域之间的金融合作已经初见成效。按照广义范畴的区域金融合作内容可以大致将中国与中亚五国的金融合作分为央行及政府层面的合作、银行业之间的合作以及证券领域的合作。

1. 央行、政府层面合作

央行、政府宏观层面的金融合作主要表现为签署双边本币互换协议、上海合作组织框架下的多边协定、政府搭建的亚欧博览会、喀交会平台的交流合作、各国跨境金融监管合作等。

（1）央行签署货币互换协议

2008年金融危机之后，央行相互拆借所需币种为市场注入流动性，来防止实体经济的过快下滑。货币互换被视为化解危机、提供流动性支持的有效工具。一方面，能够改善投资和经营环境，增强彼此国家投资者的信心；另一方面，能够增强金融体系的流动性，有助于缓解企业融资难的问题。

2003年12月28日，中吉两国央行签署了为期三年的双边本币支付结算协议，允许两国货币用于边贸结算。2005年12月14日，中哈两国央行签署了为期三年的双方货币边贸结算协议；2011年6月13日，又签署了规模为70亿元人民币、有效期为三年的双边本币互换协议。2011年4月19日，中乌两国央行签署了规模为7亿元人民币、为期三年的双边本币互换协议。有效期限三年过后若还有意愿合作，双方可以经过协商展期。

本币协议的签署，简化了双方银行间的关系，减少了汇兑手续和成本，减小了美元汇率波动风险，在一定程度上促进了区域内贸易和投资合作，而且，能提高人民币在对方国家的使用率，有利于人民币的推广，对人民币周边化、区域化来说颇具意义。不过就目前来说，双边本币互换协议主要是备用性质的，实际动用协议信用额度的情形比较少。在紧急救助、企业贷款融资等方面条件限制比较严苛，所以对促进实质性金融合作的作用还是有限的。

（2）上海合作组织框架下的多边协定

在上海合作组织框架下，成员国之间签署的多边合作协定和框架性文件，为中国与中亚五国的区域金融合作奠定了一定的基础。各成员国元首和总理相继签署和批准了《〈上海合作组织成员国多边经贸合作纲要〉实施措施计划》及实施机制、《开展区域经济合作和启动贸易投资便利化进程的备忘录》、《〈关于区域经济合作的基本目标和方向及启动贸易和投资便利化进程的备忘录〉的议定书》等一系列重要的文件，为促进区域金融合作奠定了重要的法律和制度基础。2004年成员国总理会议批准的《〈多边经贸合作纲要〉实施措施计划》明确指出金融重点优先支持的领域和项目。2006年银联体成员行长签署的《上海合作组织银行联合体关于支持区域经济合作的行动纲要》确定了初级阶段（未来五年）的工作重点、优先发展领域和推进方向，以坚持服务实体经济为原则。

（3）亚欧博览会、新疆喀交会的交流合作

举办亚欧博览会旨在为中国与亚欧国家开展经贸、金融、投资、旅游等活动提供广阔的交流平台，把新疆打造成为连接亚欧的商贸物流中心，推进和密切中国（新疆）与亚欧各国关系。在2012年9月初举行的第二届中国—亚欧博览会上，共签约总价值2068.53亿元的170个投资合同项目，签约金额比第一届增长了11.78%，项目涉及能源、电力、交通、农业等14个投资领域。这些领域都需要深化金融合作来提供更多的资金支持。在亚欧博览会中还包括金融合作论坛，为各国金融界专家、学者提供交流平台，目的是为实现各国战略合作经济目标，促进金融机构之间的沟通，在尊重共同利益和遵守市场规则基础上进行多方面的合作。

中国新疆的喀什地区与中亚的吉尔吉斯斯坦、塔克克斯坦两国以及印度、巴基斯坦、阿富汗三国接壤，有红其拉甫等五大口岸与五国相通。举办喀什—南亚中亚商品交易会，旨在通过喀什地区的地缘优势，打造中亚南亚经济圈。将喀什建设成集商品加工地、集散地、物流中心于一体的国际型商贸平台，促进中国与中亚南亚国家的经济金融合作。

首届喀交会2005年5月在喀什举办，每年一次。2012年6月第八届喀交会上，共签约价值总额为532.73亿元的合同194项，这与同年4月喀什经济开发区正式揭牌也有很大关系，吸引了不少中亚、南亚以及欧洲市场的入驻；并在喀交会上举办了首届中亚南亚经济合作论坛，为金融合作提供了良好的交流平台和渠道。

（4）金融监管合作

中国与中亚跨境的一系列经济金融活动必然需要各国通过金融监管合作来控制和规避金融风险。目前，中国已经与哈萨克斯坦、吉尔吉斯斯坦、塔吉克斯坦三国建立了双边金融监管合作机制，但未能建立起整个区域性的金融监管合作机制。表5-4是截至2011年6月区域内各国的

监管合作情况，签署的合作协议包括市场准入、现场检查以及信息交换等方面。

表 5－4　中国银监会监管合作协议与谅解备忘录一览表

签署国家	签署机构	签署日期
吉尔吉斯斯坦	吉尔吉斯共和国国家银行	2004 年 9 月 21 日
哈萨克斯坦	哈萨克斯坦金融监管署	2005 年 12 月 14 日
塔吉克斯坦	塔吉克斯坦国家银行	2010 年 11 月 25 日

内容来源：中国银行业监督管理网站

中国与哈萨克斯坦还成立了专门的金融合作协商机制——中哈金融合作分委会，主要为了协调和促进两国的金融机构合作，督促各项合作协议的落实，同时加强两国的信息和经验交流，推动经济金融全面发展。从 2004 年设立到 2011 年已经举办了七次会议，每次会议对推进两国经济金融发展等方面都有着非同凡响的实质性意义。在哈萨克斯坦阿斯塔纳市举行的第七次会议中，更是增强了两国贸易投资、出口信用保险、银行卡等金融合作的意愿；深入讨论了双边本币互换的落实安排，霍尔果斯国际边境合作中心的金融合作以及两国征信部门交流合作等诸多方面。

2. 银行业间合作

中国与中亚国家金融市场、金融机构之间的互动合作主要是在银行业之间进行，银行业中又以商业银行之间的合作为主。可将合作大致分为贸易结算、信贷服务、银行卡、金融机构互设四方面。

（1）贸易结算

近年来中国与中亚各国的贸易关系往来甚密，一直保持着良好的合作，与中亚五国的贸易总额一直呈上升趋势。2006 年中国与中亚五国的贸易总额为 87.27 亿美元，还未突破百亿；到 2008 年短短三年时间就突破了三百亿，达到 308.23 亿美元。2011 年，中国与中亚五国的贸易总额为 396.51 亿美元，新疆与中亚五国的贸易总额为 169.84 亿美元。新疆与中亚五国的贸易总额约占中国与中亚五国贸易总额的半壁江山，占比为 42.83%；约占新疆对外贸易总额 228.22 亿美元的 75%。由此可见，新疆与中亚五国的贸易合作非常密切，为贸易服务的金融也必然要求密切合作。

贸易方面的金融合作主要体现在贸易结算、贸易融资、贸易担保三方面。但中国（新疆）与中亚国家在贸易融资、贸易担保方面由于没有正规的协议或是合作机制，比较散乱不便于数据的统计掌握。故本节主要描述贸易结算方面的金融服务合作，主要涉及贸易本币结算、互设本币账户和代理账户等方面。在贸易结算方面，受规避税费、监管、交易习惯的影响，中国（新疆）与中亚各国主要是以美元现钞结算，还有电汇、信用证等传统结算方式。而能体现中国与中亚五国贸易上的金融互动合作主要是双边本币结算、互设本币账户和代理账户等方面。但双方本币结算的占比都很小，人民币占不到贸易结算 2%的比例。自 2010 年 6 月新疆作为跨境贸易人民币结算试点起，推动了与中亚国家跨境贸易使用人民币结算的进程。截至 2012 年 8 月末，新疆与哈萨克斯坦、吉尔吉斯斯坦、塔吉克斯坦、乌兹别克斯坦以及蒙古等 34 个国家和地区开展了跨境贸易人民币业务，结算量超过 318 亿元。截至 2012 年 8 月末，俄罗斯、塔吉克斯坦等 9 个国家的 33 家境外银行在新疆境内 6 家商业银行开立了 35 个人民币同业往来账户。跨境人民币业务种类包括信用证、托收、电汇、保函等多种形式；银行结算方式涵盖代理行、清算行和 NRA 账户等多种形式。

2011 年 6 月 28 日，中国银行新疆分行首家推出了人民币对坚戈直接汇率项下的坚戈现汇业务。中哈贸易结算进入了直接汇率的市场化阶段，预示着真正意义上的本币结算时代的到来。哈萨克斯坦人民银行自 2012 年 4 月 15 日起通过摩根大通有限公司上海分行设立的代理账户为法人办理人民币结算业务。不过，汇往中国的人民币付款，受益人需要具有中国人民银行颁发的从境外收汇许可证。2012 年 6 月 18 日，哈萨克斯坦 BTA 银行在中国工商银行阿拉木图分行开设人民币代理账户，建立了"中哈双币通"清算系统。从今以后两国贸易人员可以直接签订人民币结算合同，为中哈两国商务人员贸易往来提供了极大的便利条件，不但可

以规避美元汇率风险并减少汇率损失，还将推动两国贸易额持续增长。

（2）信贷服务

在出口信贷方面的合作：出口信贷是国际金融市场通行的出口方式，信贷金额大、利率低、期限长，适合大型项目、机电设备等融资。2006年，中国进出口银行与乌兹别克斯坦的国民外经银行、工业建设银行签署了总金额为3.97亿美元的优惠出口买方信贷融资协议，签署的10个项目主要涉及乌兹别克斯坦基础设施、市政建设等领域。

在银团贷款方面的合作：中国与中亚国家在贷款方面的同业协作发展比较缓慢，组成的银团贷款为数不多。2012年5月19日，中国国家开发银行与亚洲开发银行、韩国进出口银行、乌兹别克斯坦外经银行、乌兹别克斯坦复兴开发基金组成的国际银团贷款向乌兹别克斯坦提供11.75亿美元贷款，用于乌兹别克斯坦“乌斯纠尔特”天然气化工厂建设项目。

国际信贷服务主要由国家开发银行、进出口银行以及国际银团贷款提供。

2012年6月，中国国家开发银行提供贷款余额385亿美元以支持上合组织内实体经济的发展。最早成功运作境外人民币贷款的国开行新疆分行，已经依托上合组织平台与中亚五国签署了协议。协议涉及石油化工、天然气管道、基础设施建设等重大工程项目，还有中小企业、境外人民币贷款等民生项目。其中，为别涅乌—希姆肯特天然气管道有限责任公司（中哈合资公司）提供18亿美元贷款；为乌兹别克斯坦的舒尔几里油气田资源开发及深加工项目提供贷款2.5亿美元；向土库曼斯坦国有天然气公司提供以能源为担保的贷款41亿美元。2012年12月，国家开发银行为乌兹别克斯坦信息通信技术领域项目建设提供3720万美元贷款。

2011年，向上合组织成员国累计提供贷款136亿美元，贷款余额74亿美元。目前，有70个能源、交通、水利等项目正在执行当中。2012年6月，中国进出口银行向哈萨克斯坦的阿特劳炼油厂提供了11.3亿美元期限为13.5年的贷款，用于建设原油深加工工厂。

商业银行提供的出口信贷规模则比较小，2004年7月，哈萨克斯坦

ALTEL 电信公司为了采购中国爱立信有限公司电信设备，与中国工商银行签署了出口买方信贷专项协议。这也是外企第一次利用中国国有商业银行提供的出口信贷。

（3）银行卡

2002 年成立的中国银联，业务服务范畴已经上升到了国际层面，远超出了起初只服务于国内客户的计划。截至 2012 年末，仅十年的时间服务范围已经覆盖到 135 个国家，国外持卡用户有 1500 万之多。中国银联在中亚五国中除了土库曼斯坦之外，与其他四国都有合作。

2006 年 10 月起，银联卡便在哈萨克斯坦境内使用受理。哈萨克斯坦的国民储蓄银行（Halyk Bank）有 600 多台具备银联标识及中文界面的 ATM 和 1300 多家商户为持卡者提供服务。2012 年 12 月 20 日哈萨克斯坦人民银行正式加入中国银联并直接参与中国银联业务。哈萨克斯坦还成为中东欧、独联体和中亚国家咨询委员会成员的银联国际代表。

2009 年 11 月，乌兹别克斯坦的丝绸之路银行（Bank Ipak Yuli）正式开通银联标准卡的收单和发卡业务，这是中国银联在乌兹别克斯坦境内首次发行银联卡，也是继哈萨克斯坦发卡之后，再次在中亚国家实现发卡。发行了 Classic 和 Gold 银联借记卡共 12000 张，这两种卡不仅可以在中国的银联网络上使用，也可以在乌兹别克斯坦的银行卡网络上使用，为从事商贸和旅游活动提供了莫大的支付便利。

2012 年 6 月，吉尔吉斯斯坦的国有银行 ZALKAR 银行与中国银联股份有限公司签署合作协议，并为中国客户提供优惠服务。该行将发行双标识银行卡（本行标识和银联标识），并将提供在吉境内进行的银联卡收单业务。这就意味着持双标识银行卡的客户可在中吉两国间办理异地现金存取业务。若通过该行账户向中国内地银行账户汇人民币和美元，汇款额不论多少，手续费均为 20 美元。另外，该行还专门配备懂汉语的员工，能够免费为中国客户提供中文翻译服务。

（4）金融机构互设

自中国于 1993 年 4 月在哈萨克斯坦境内设立第一家全资附属金融机构以来，国开行目前已经发展成为哈萨克斯坦十大银行之一。该银行始

终秉持着“优质服务、顾客至上”的经营宗旨，积极为中哈贸易双方客户提供各项优质、便捷的金融服务，对中哈双边贸易的发展作出了非常积极的贡献。目前已开办了存款、贷款、汇款、转账、外币兑换、旅行支票兑现、票据托收、进出口信用证、保函、长城国际卡取现、有价证券投资等业务。

同年 5 月，中国工商银行阿拉木图分行成立。近年来各项业务得到长足发展，已经成为了一家当地企业和个人客户不可或缺的本土商业银行。目前已开办了存款、贷款、汇款、外币兑换、信用证、担保、网上银行、银行卡等业务，新近开办了代收中国驻哈萨克斯坦大使馆签证费业务。

二、现状及挑战

从以上金融合作现状可以看出该区域金融合作只处于初级层次，对于中哈两国的直接汇率挂牌，虽可以说是迈向区域金融合作第二层次的开端，但离区域汇率的稳定还有很大差距。总体表现为各国间签署的大多是政策性的合作协议，商业性的协议较少，真正建立的合作实体为数不多；银行业之间的合作较多，证券保险业的合作较少；合作大部分是双边的，多边的合作比较少。总之在中国与中亚国家的金融合作过程中还存在着一些制约因素阻碍合作的深入发展。下面主要从非经济制约因素和经济制约因素两方面分析：非经济制约因素具体指中国与中亚五国缺乏良好的金融合作对话环境；经济制约因素指中国与中亚五国经济发展水平差距较大、中国与中亚五国金融发展水平差距较大。

1. 缺乏良好的合作对话环境

一个区域内金融合作的深度与广度很大程度上取决于政府间交流意愿的强弱和互动频率的高低。政府需要为区域内的金融合作创造条件，搭建好合作平台，在确保金融合作顺利开展的基础上加以引导。就目前情况来看，中国与中亚五国缺乏良好的金融合作对话环境，政府间的交流互动还不足，不具备完善的交流对话机制。倘若六国政府之间没有共同长远的战略性规划，不能处理好资源抢夺纷争，则会严重制约金融合作的发展。

(1) 长远大局意识比较薄弱

区域内各国长远大局意识比较薄弱，都比较注重眼前的经济利益，为了本国发展而争夺金融资源现象时有发生。当发生利益摩擦时，各国政府会设置各种关税或非关税壁垒阻碍资源的流动。同时，存在一些执法不严的问题，一些免税政策在真正执行的过程中并不能兑现，还存在恶意罚款现象。各国面对国际纷争倘若不能高瞻远瞩、从长远的共同利益大局出发及时协调解决，只会一损俱损，影响到国际长期合作和本国政局的稳定、经济的发展。

(2) 中亚国家对中国信任不足

中亚国家与中国相比，各方面都相差较远。尤其是近年来中国经济的迅速崛起，跃为世界第二大经济强国，在对周边国家加强外交、经济等方面的合作时，会出现所谓的“中国经济扩张论”或是“中国威胁论”之类的言论，中亚国家在与中国展开经济金融合作时就有无形的压力。中亚五国的发展一方面有赖于中国，通过与中国的合作带动其发展；另一方面又怕中国威胁到自身的利益，将本国变成中国的原料附庸国。这种既依赖又抗拒的犹疑戒备心理，削弱了与中国合作的强烈意愿。

2. 较低的发展水平和经济实力差距

中国与中亚五国虽然都是发展中国家，但各个国家的经济发展水平差距是比较大的，按人均 GDP 可将中国、中亚各国的经济发展水平大致分为两个层次。其中哈、中、土三国人均 GDP 四位数划分为第一个层次。2011 年哈萨克斯坦人均 GDP 高达 8883 美元，中国人均 GDP 为 4382 美元位居第二，土库曼斯坦人均 GDP 为 3939 美元位居第三。乌、吉、塔三国划分为第二个层次，人均 GDP 大体仅为三位数。2011 年乌兹别克斯坦的人均 GDP 为 1380 美元，论国家综合实力、经济的发展，其实不该与吉、塔两国划为一个层次，但是其人口较多，拉低了人均 GDP 的水平。吉尔吉斯斯坦以 864 美元的人均 GDP 排在中亚区域的倒数第二，主要是因为政局动荡，使其远远落后于起初实力相当的土库曼斯坦。塔吉克斯坦的人均 GDP 为 741 美元，在中亚区域内经济发展水平

最为落后，连续八年的内战，使得塔吉克斯坦比独立之前更加贫困，经济发展很难在短期内有较快的提升。

首先，区域各国经济发展水平的差距会影响各国经济合作的步伐，导致金融合作基础薄弱，使得金融合作停留在简单的协商对话、政策性协议的签署等初级层面，实质性的金融合作很难广泛展开，进而影响区域金融合作的进一步深化。其次，区域各国经济发展水平的较大差距也会造成各国相应经济政策的较大差异。第一层次的国家主要致力于经济的发展，第二层次相对比较落后的国家，主要是为了消除贫困。不同层次的国家在应对外界冲击时采取的经济政策会有很大的不同，根据国际货币政策协调的博弈分析理论，政策溢出效应的存在使得国与国之间的政策难以协调，很可能会导致极为低效的产出。所以，经济发展水平差异会影响经济政策的协调统一，也会进一步影响到金融合作的基础。

（1）中国与中亚五国金融机构经营管理体制差异比较大

各国金融机构间金融资金的流动性较弱，不利于区域金融合作的开展。中国的金融机构经营管理模式逐渐开放，资金的流动性较强；中亚五国金融机构采取的是封闭式的金融业管理模式，一般情况下资金不能在区域各国之间自由流动，严重阻碍了资本的快速流动，削弱了金融方面的合作。

（2）中国与中亚五国金融机构服务水平差距较大

近几年来，中国银行业的金融品种不断丰富，证券保险业的金融产品也在不断增多，金融机构整体服务水平不断得到提升、赢利能力不断增强。但中亚国家金融产品较少，创新不足，整体金融服务水平较低，只提供比较简单的金融服务，难以满足企业融资和多元化的金融需求。企业对外投资除了自有资金，银行贷款大多只靠国家开发银行和进出口银行，这对中小企业来说融资非常困难。中亚国家金融机构较低的金融服务水平，使得中国与其难以进行金融业务对接，制约着区域金融合作的开展。

（3）中国与中亚五国金融市场结构差异较大，制约证券、保险市场间合作

经过改革开放 30 多年的发展，中国已经初步建立起多层次的金融市

场体系，形成了比较完善的货币市场、逐渐规范的资本市场、不断壮大的保险市场和外汇市场。金融市场股票、债券直接融资服务方面有了较快的发展，以银行间接融资服务为主的模式有所改善，储蓄向投资转化的比率逐渐提高，发行人和投资人日益丰富和多元化。

而中亚国家自 1992 年正式独立起，由于战乱等各种原因导致金融市场发展缓慢，尤其是证券、保险市场发展落后，导致金融市场结构比较单一。金融市场中证券公司直接融资服务占比较小，银行间接融资服务要占绝对优势。以股票市场为例：与中国股票市场相比，中亚国家除哈萨克斯坦外，其他四国股票市场发展都比较滞后。2011 年中国境内上市公司（A、B 股）2342 家，上市公司市值 33244.3 亿美元，股票成交金额 65270.9 亿美元；哈萨克斯坦上市公司 63 家，上市公司市值 433.01 亿美元，股票成交金额 10.89 亿美元；吉尔吉斯斯坦上市公司 34 家，上市公司市值 1.65 亿美元，股票成交金额 0.033 亿美元；乌兹别克斯坦上市公司 132 家，股票成交金额 0.83 亿美元。

中国与中亚五国金融市场结构的差异，导致各国银行业借贷市场的互动合作较好，却限制了证券市场、保险市场之间的互动合作。

（4）中国与中亚五国金融市场运行机制差异较大

影响区域金融市场一体化程度提升区域各国金融市场运行整体上都比较低效，主要由于金融市场中各国资产证券化发展较晚，而且和其相关的法律、会计、税收、担保、信托等制度环境也比较薄弱，外汇管制较为严格，并存在对国际间资本流动的宏观控制。但较中国而言，中亚五国金融市场中金融活动的运行更为低效，不能充分有效发挥区域内资源配置功能，进而影响区域金融市场间的整体运行，即影响区域金融一体化程度的提升，这体现在各国汇率不稳定及汇率制度安排差异等多方面。

表 5－5　2000—2011 年中国及中亚各国本币对美元的年平均汇率

国家 年份	中国	哈萨克斯坦	吉尔吉斯斯坦	塔吉克斯坦	乌兹别克斯坦
2000	8.2783	142.13	45.80	1.9368	1400
2001	8.2767	146.74	43.33	2.3588	1400
2002	8.2772	153.28	46.92	2.7678	1400
2003	8.2769	149.58	43.69	3.0617	1300
2004	8.2770	136.04	42.65	2.9709	1050
2005	8.0702	132.88	41.01	3.1166	1180
2006	7.8087	126.09	40.15	3.2984	1221
2007	7.3872	122.55	36.57	3.4425	1269
2008	6.9480	120.30	39.38	3.4167	1322
2009	6.8311	147.50	42.87	4.1427	1446
2010	6.7704	147.35	45.96	4.3790	1587
2011	6.4614	146.62	46.14	4.6102	1709

数据来源：International Monetary Fund，IFS database

表 5－6　中国及中亚各国汇率波动率

	中国	哈萨克斯坦	吉尔吉斯斯坦	塔吉克斯坦	乌兹别克斯坦
中国					
哈萨克斯坦	0.6147				
吉尔吉斯斯坦	1.0259	3.3063			
塔吉克斯坦	0.8338	0.8070	0.3009		
乌兹别克斯坦	0.6187	3.9674	2.1223	1.9534	

数据来源：根据表 5－5 的数据计算整理得到

三、合作建议

由于中国与中亚国家的经济金融发展水平和对外开放程度具有较大差异性，决定了中亚区域经济金融合作只能是分层次、有步骤地逐步推进。各经济体可考虑先从双边、三边合作入手，进而发展到多边及更广泛的合作，总的构想是整合区域比较优势，拓展金融媒介宽度。

1. 积极开发各种金融合作模式

要发挥中国新疆作为中亚国际金融中心的区位优势，各经济体可借助区域合作的机会，加快经济体金融市场的建设，改善金融环境，提高金融市场开放程度，融入到区域经济一体化的进程中，使区域内各经济体的金融市场之间实现良性互动，金融机构之间的合作。中国新疆与中亚国家区域内金融机构之间可以通过相互联动来提供整体性的跨区域金融服务，使区域内客户在经济活动中的需求获得更有效的满足；涉及区域内大型项目的资金支持时，多个金融机构可以通过银团贷款的方式予以合作；采取政府主导与市场手段并重的多种方式促进金融合作；积极引导中国金融机构开展中亚地区业务，支持金融机构通过兼并等方式成立分支机构或子公司，针对中资企业的贸易和投资，开展融资、保险等业务。以中资项目为依托，实现在中国新疆与中亚各经济体的金融业务深入开展。通过与中亚国家金融资本融合引导实业投资，联合中亚国家发起成立"中亚区域经济合作基金"，针对中亚地区具有资源优势的采矿业、石油开采和加工业及发展滞后、相对薄弱的行业，并进行投资金融公共设施的建设和金融合作协调机制的建立。中国新疆与中亚国家金融合作的顺利实施离不开区域金融公共设施建设，这些公共基础设施为区域金融合作中出现的信息流、资金流、人才流提供了畅通的渠道，包括区域信息共享系统区域支付结算平台、区域票据交换中心、区域外汇交易市场、区域信用卡管理中心等，目的在于降低交易成本，提升区域金融业整体水平。

2. 建立金融风险管理体系，加强金融合作监管

中国新疆与中亚国家区域金融稳定应该达到这样一种状态：即区域内整体金融运行环境良好，管理机制健全，并具有较强的风险防范与化解能力。而区域金融合作（如银行内部跨区域合作、跨行跨区域金融市场合作等）都要求更高的监管水平。要保持这种稳定状态，除了各金融机构内部管理体制的不断完善，还必须建立跨区域金融监管"风险预警""风险救助"等一系列合作措施，同时还可以进一步建立区域征信体系"区域金融信息披露管理系统""区域反洗钱合作系统"等。

第三节　泛北部湾/大湄公河次区域

一、历史回顾

大湄公河次区域合作始于20世纪90年代初，是由亚洲开发银行牵头，中国、缅甸、越南、泰国、柬埔寨和老挝共同参与的经济合作机制，旨在改善该地区的基础设施，扩大贸易和投资合作，其合作范围覆盖了交通、能源、通讯、人力资源开发、环境、旅游、贸易投资和禁毒等领域。

随着全球冷战的结束和地区局势的缓和，中南半岛各国政治局势趋于稳定，历史因素遗留下的国际纷争日渐消停，经济发展成为各国的首要目标，尤其是柬埔寨问题通过国际合作得到和平解决使中南半岛的和平与稳定得以实现。

在世界和地区局势缓和及全球政治经济发展总体走向的影响下，湄公河次区域国家产生了通过开展区域性的经济合作来推动本国经济发展的愿望。同时，澜沧江、湄公河次区域各国经济显示出持续发展的好势头，加强这一区域的经济技术合作互利互惠共谋发展成为次区域各国的共识。关税总协定的多边自由贸易体制衰落导致保护主义抬头，东亚的雁行发展模式让泰国成为中南半岛最具经济实力的国家，泰国总理差猜乘机提出了“差猜主义”的经贸外交政策，提出了印支倡议。

二战后日本通过战争补偿对中南半岛渗透，提升在该区域的影响是日本的首要考虑，但其活动却客观推动了大湄公河次区域合作的形成，亚洲开发银行恰如其时在大湄公河次区域各国间扮演了穿针引线的角色，为各国的发展提供了一个非正式的多边平台。

在2006年7月举办的环北部湾经济合作论坛上，时任广西壮族自治区党委书记刘奇葆提出：推动泛北部湾开发合作，构建区域经济发展新格局的设想，即在原有的环北部湾基础上开展泛北部湾经济合作，由环北部湾合作到泛北部湾合作，其现实意义远远超过表面上一字之差所蕴含的地理概念。它不仅意味着把更多的东盟国家和我国更多的省区涵盖在内，更多的是表明了我国与东盟国家，尤其是东盟海岛国家进一步密切经济政治联系合作的良好愿望。

泛北部湾经济合作区提出以后，泛北部湾区域各国之间的经济联系越来越密切，同时泛北部湾区域金融合作在东亚区域金融合作以及中国—东盟区域金融合作框架下也取得一定的进展，合作初见成效，金融合作机制的广度和深度有所发展，突出表现在以下几个方面：

1. 金融合作机制数量增加

东南亚金融危机后短短的3年内，在各国的积极推动下，泛北部湾区域金融合作机制增加到8个，中国与泛北部湾其他六国共同参加的地区金融合作机制主要有东新澳央行组织，亚太经合组织（APEC）财长机制，亚欧会议财长机制，"10+3财长机制"。中国与泛北部湾其他六国共同参加的区域金融合作机制除上述四个之外，还包括东亚及太平洋央行行长会议组织（EMEAP）。

2. 区域金融合作机制功能有所增强

这主要表现在，除了原有区域金融合作机制功能得到加强和拓宽之外，一些新设立的合作机制还增加了新的功能。这些机制主要围绕金融市场发展、基础设施建设（包括支付结算体系、担保体系及评级体系等）、银行监管、经济评估及政策对话、危机管理、能力建设（培训）六个方面来开展地区金融合作。

亚洲债券基金于2003年由东亚及太平洋地区中央银行行长会议组织（EMEAP）、多国中央银行和货币当局宣布启动，初始规模10亿美元，由各国央行动用储备以美元认购，并于同年6月，由包括中国和东盟5国在内的东亚及太平洋地区中央银行行长会议组织（EMEAP）推出了第一期亚洲债券基金。亚洲债券基金的参与国包括了除文莱和越南之外的其他5个泛北部湾区域国家，即中国、印度尼西亚、马来西亚、菲律宾、新加坡。亚洲债券基金的成功启动和付诸实践将有助于推动泛北部湾区域债券市场的发展，减少泛北部湾区域各国对银行体系过度依赖所带来的金融体系的脆弱性。

总的来看，目前泛北部湾区域金融合作的进展大部分都是建立在东亚区域金融合作以及东盟 10＋3 区域金融合作框架之上的，并且泛北部湾区域中的某些国家还未参与到这几个区域金融合作框架之中的某些合作形式中，这就使得合作具有松散性、无序性和缺乏约束性等特征，合作的层次仍然处于初级层次，合作形式也大多为非正式合作，还未形成机制化合作形式。随着泛北部湾区域内部经济联系的紧密性越来越强，泛北部湾区域金融合作将会得到进一步加强。

二、现状及挑战

从经济角度看，区域金融合作的基础是区域内各国拥有相近的经济制度、经济发展水平和经济结构。只有经济制度、经济发展水平和经济结构相近，区域金融合作才可能使各方在应对外部冲击的时候获益。否则，在区域内部货币对外联合浮动的时候就可能在贸易政策、宏观经济政策和汇率政策方面出现种种矛盾，很可能会使合作流产。泛北部湾区域金融合作的障碍主要是各国经济发展水平不平衡，而这种不平衡会对泛北部湾的区域金融合作产生诸多不利影响。

1. 经济因素

对一区域经济金融发展和稳定起关键性作用的流动性生产要素主要包括劳动力和资本，要素市场越灵活，资本及劳动力的流动性就越高，这些国家越容易开展区域金融合作，反之，则开展区域金融合作的难度将会变大。在这种情况下即使产生合作的愿望，而实际上的操作也将仅限于较低层次的区域金融合作。

在经济全球化背景下，汇率制度的安排与选择是十分关键和敏感的金融问题，在建立泛北部湾区域金融合作过程中，汇率合作是一项重要内容，但由于泛北部湾区域内各成员国社会制度各不相同，经济、金融体制各异，各国汇率制度和汇率政策存在较大差异，这给多边汇率合作带来了诸多困难。

2. 意识形态因素

历史遗留的领土争端问题是泛北部湾货币合作进程中的主要隐患，

造成了泛北部湾地缘政治的复杂化，这些问题有的正处于激化状态，有的被暂时搁置，但相互妥协的余地不大，泛北部湾区域内国家之间的领土、领海、边界纷争，曾多次导致国际关系的紧张，这些纷争主要体现在菲律宾、马来西亚在沙巴主权问题上的争端；马来西亚和印度尼西亚的对抗、马来西亚和新加坡的争执等。除了马来西亚与新加坡的白礁岛主权之争在国际法庭的裁决下得到顺利解决之外，其他泛北部湾区域国家之间的领土争端问题的真正解决尚需时日。

共同的文化有助于合作，那些具有良好合作关系的国际体系，一般都具有共同的文化与历史背景。为发展合作关系，必须充分发掘国家间大的文化共同性作为信任资源，一旦一个国家的安全与利益获得了可靠的保证，这个国家将能够克服自卑内向心理，而致力于寻求与外界发生联系，在此过程中，文化因素又常常不自觉地左右这些国家的现实选择。社会文化意识的认同对地区经济金融合作至关重要。欧盟经济合作与货币一体化的成功推进，一个重要原因在于欧盟国家拥有共同的意识形态、思想文化和价值认同。

表 5-7　泛北部湾主要国家文化情况

国家	语言	主要宗教
文莱	马来语	伊斯兰教
印度尼西亚	印度尼西亚语	伊斯兰教，基督教，天主教，佛教，印度教
马来西亚	马来语，英语，汉语，泰米尔语	伊斯兰教，基督教，道教，佛教，印度教
菲律宾	菲律宾语，英语，西班牙语	佛教，基督教，伊斯兰教
新加坡	马来语，英语，汉语，泰米尔语	佛教，基督教，伊斯兰教
越南	越南语	佛教，基督教
中国	汉语	佛教，道教，天主教，基督教

3. 地域特殊性

泛北部湾区域金融合作具有地域上的特殊性，区域内既有主权国家，

又有一个主权国家内的某些地区，这就使得泛北部湾区域金融合作既不同于欧洲货币联盟、东亚区域金融合作等这类主权国家之间的区域金融合作形式，又不同于我国珠三角以及长三角区域金融合作等这类主权国家内部的一个区域的金融合作形式，这样的地域特殊性也就使得泛北部湾区域金融合作的开展和推动难以出现一个核心的领头人，从而出现合作驱动力不足的现象。

除此之外，泛北部湾区域金融合作的驱动力不足还表现在各个国家存在普遍的搭便车行为，金融合作组织所要求的规范性、约束性与各国惯有的灵活性、松散性存在矛盾，合作大国谋求经济优势的独占性与合作小国追求经济发展机遇的公平性之间，也存在着难以克服的矛盾。正是这些矛盾和问题的存在，影响了区域金融合作的发展。

在泛北部湾地区的经济关系中，作为新兴经济大国的中国应该成为这个区域的主导力量，推动人民币在泛北部湾成员区域间的自由兑换和区域金融合作。中国在泛北部湾区域金融合作的过程中，也有主导泛北部湾区域经济推动人民币自由兑换的愿望。例如，为推动人民币在该区域内的自由兑换，中央银行尤其是南宁中心支行积极改善金融服务，为区域金融合作提供一个较好的合作环境。通过加大金融机构的创新力度，突破以往的政策框架，在跨境贸易结算、双方货币兑换及贸易融资等方面提供便捷条件以支持边境贸易快速发展，同时加强金融基础设施建设，大力推广现代化支付系统，积极发展区域票据交换系统，拓宽信用卡网络，为区域经济金融发展提供先进便捷的支付平台。

但是，由于泛北部湾区域金融合作在中国主要推动和实施的区域仅限于广东、海南、广西和云南四个省区，位于中国境内的这四个省区虽然有一定的自主行政权，但在涉及与其他国家之间的金融合作和制度安排时，必然要受到中国政府及中国人民银行的监管，使得泛北部湾区域内的金融合作的制度安排以及合作活动的展开程序在行政层级上又多了一层。这种情况，必然会使该区域金融合作的进程变得缓慢，同时人民币自由兑换在该区域的推动力量也会削弱。

因此，尽管随着我国金融贸易实力的不断增强，人民币也在不断走强，但是，目前人民币的区域化和国际化程度并不高，不仅无法与美元匹敌，就是与欧元出现之前的德国马克也还存在非常大的差距。目前，人民币在泛北部湾区域贸易和金融交易中使用的比重仍然较低，中国还没能在泛北部湾区域金融合作中发挥其应有的主导作用。

三、合作建议

从泛北部湾区域金融合作的深化方向来看，存在着功能性金融合作与制度性货币合作两个方面，功能性金融合作是区域金融合作的初级阶段，制度性货币合作是区域金融合作发展的高级阶段。所谓功能性金融合作即在保持自主性金融政策的前提下，为弥补不发达的金融业在支持实体经济发展上的功能欠缺，解决具体问题而进行的金融合作。其特点表现为双边特性、非制度性、松散性、单一功能性等。所谓制度性金融合作则是为了抵御国际货币体系的缺陷给各国带来的冲击和损害，区域各国在汇率制度选择和货币本位选择上达成紧密的制度性安排，具体包括汇率协调与合作机制、货币一体化等。其特点表现为多边特性、制度性、强制性等。鉴于目前泛北部湾区域的合作基础和条件，开展功能性金融合作更为现实。

通过推动功能性金融合作的发展，进一步推动泛北部湾区域各国间实体经济的一体化进程，为将来区域制度性货币合作奠定基础。深入开展泛北部湾区域功能合作主要途径包括：建立以区域开发为目的的泛北部湾区域性金融机构，适度扩大开放泛北部湾区域资本市场，完善风险监控和危机援助机制。由于泛北部湾区域建立单一货币区的条件不成熟，未来泛北部湾区域制度性货币合作的重心应放在建立区域汇率稳定协调机制上。同时，由于中国经济实力的增强以及中国与泛北部湾区域各国经济交往越来越密切，中国将会在泛北部湾区域金融合作中发挥主导作用。应考虑从以下方面促进彼此间的合作：建立以区域开发为目的的泛北部湾区域性金融机构；适度扩大开放泛北部湾区域资本市场；完善风险监控和危机援助机制；建立区域汇率稳定协调机制。

中国参与和推动大湄公河次区域金融合作的路径有：积极构建与次

区域经贸合作相适应的金融服务体系；加强与次区域各国金融机构之间的合作；大力推进人民币周边国际化。

总体来说，虽然大湄公河次区域经济合作在近几年里不断取得新进展，各成员国之间的贸易投资规模迅速扩大，但是资金不足已成为制约大湄公河次区域经济合作进一步发展的瓶颈因素。这在一定程度上说明了次区域金融合作的发展严重滞后已无法满足次区域经济合作的现实需要。而金融合作的滞后也导致次区域各国在实体经济领域的合作中面临交易成本居高不下、资本配置效率低下、要素流动性差等问题。另外频繁发生的金融危机也使得次区域各国更加认识到加强金融合作的紧迫性，一是唯有加强区域金融合作才能有效解决金融危机的传染性问题，二是加强次区域的金融合作可以有效弥补现行国际货币体系的不足。因此，要实现在更大范围、更广领域、更高层次的合作，就必须加强次区域的金融合作。

第四节　其他区域金融合作

一、北美区域金融合作

1. 北美自由贸易区的形成

进入20世纪80年代，美国深感威胁，在经济全球化趋势下，来自欧洲共同体和日本的竞争日益激烈，拉丁美洲的市场都已被欧盟渗透。为了巩固经济实力、维护霸权，美国的美洲经济一体化提上日程。1990年6月布什提出开创“美洲事业倡议”，1992年底美国、加拿大和墨西哥签署《北美自由贸易协定》。该协定于1994年1月1日正式生效，同时宣告北美自由贸易区（North America Free Trade Area，NAFTA）正式成立。北美自由贸易区拥有3.6亿人口，国民生产总值约6.45万亿美元，年贸易总额1.37亿美元，其经济实力和市场规模都超过欧洲联盟，成为当时世界上最大的区域经济一体化组织。《北美自由贸易协定》的主要目的是消除关税和非关税壁垒，推动区域内商品、人员及资本流动。

但随着投资自由化条款、投资争端解决机制等制度的建立，经济一体化内容已超越贸易自由化的范围而涵盖劳务、贸易、投资、金融服务等领域。

2. 北美自由贸易中的金融合作

《北美自由贸易协定》生效后，美、加、墨三国在金融领域已形成深层次的合作。该协定规定：

某一成员国金融服务提供者可在另一缔约国开业，从事银行、保险、证券交易和提供其他金融服务。各国应允许本国居民在另一国境内获取金融服务，不对任何金融部门的跨境交易规定限制条件，也不对已有限制增加补充规定。

各国应给予在其境内的金融服务提供者以国民待遇，不得将其他国家金融服务提供者置于较本国提供者不利地位。

在区域内的金融市场开业的条件、有关人员要求、申请程序应明确，并遵照约定执行。

各国仍可保留合理调整的权利，以维护金融体系稳定和完整。特殊情况下，还可采取旨在保护收支平衡的措施。

规定成员国之间就有关金融服务事务进行磋商的专门程序。

各国对金融服务合作做出具体承诺。

3. 北美自由贸易区金融合作的效应

金融合作是北美自由贸易协定的一部分，实施以来表现出巨大的合作效应，突出表现在对1995年墨西哥金融危机的有效救助上。1995年，墨西哥爆发金融危机，当年GDP增长率为6.2%，比上年下降10.3个百分点，是20世纪90年代经济增长最低的年份；通货膨胀率达到51.1%，失业率也是20世纪90年代最高的年份。NAFTA在帮助墨西哥迅速度过危机上起了十分重要的作用。危机发生初期，美国立即向国会提出400亿美元贷款计划，但未获通过。随后，美国政府动用外汇稳定基金，向墨西哥提供200亿美元贷款。尽管IMF等国际金融机构也向墨西哥提供近500亿美元紧急贷款，但墨西哥政府认为，该国经济能从近乎崩溃的金融危机中复苏，很大程度上归功于北美自由贸易协定和美国的帮助。

此次危机与1982年墨西哥金融危机形成鲜明对比，当时墨西哥对美国征收100%关税并实行其他贸易限制，与美国没有有效的经济贸易合作，也没有得到周边国家援助，总共用了7年时间恢复到危机前的出口水平，而1995年危机仅用18个月就顺利渡过。

二、欧洲货币合作

1. 欧洲货币合作的历程

欧洲金融合作的起因可以追溯到20世纪40年代末，当时欧洲各国面临“国际货币体系缺陷”的外患与战争的内忧，这促使其做出金融合作的无奈选择。正是这种选择凝聚了欧洲人的信心，促使他们走上了金融合作之路。

欧洲货币合作的实质性进展是从1971年推出的《维尔纳报告》开始的。该报告提出要逐步缩小各成员国货币汇率波动的幅度，建立货币储备共同基金，促进资本自由流动，创建欧共体内部核算筹码——欧洲计算单位（CUA）。CUA是在计算单位基础上建立的，它是一种包括欧共体各国货币在内的综合性一揽子货币指标，并通过它来确定中心汇率体系和共同货币政策，最终实现建立统一货币的目标。《维尔纳报告》被视为通向欧元道路上的第一座里程碑，它首次提出了在欧共体内实现“平行货币”并进而发展为单一货币的构想。

1978年12月，欧洲理事会通过了关于建立欧洲货币体系（EMS）的协定，并于1979年3月13日正式生效。在此体系框架下，创建了欧洲货币单位（ECU）。ECU不仅作为共同体财政核算的尺度，也作为各成员国间划拨清算的工具，并且构成了各成员国的外汇储备资产。ECU不仅可以用于成员国之间作为划拨清算的工具，也可以作为支付手段、流通手段、货币贮藏，与各成员国货币同时流通并进行竞争，还可以用于非成员国之间的贸易往来和外汇储备。它具有一种准货币（Quasi Currency）性质。因为当时正值欧洲货币一体化的低谷时期，立即推行“统一货币”或“单一货币”显然不现实。由此，一些专家提出了发行“平行货币”的构想，但被后来的《德洛尔报告》所反对，使这一计划未能付诸实施。虽然 ECU 只是一种记账货币而并非真实货币，不完全满足平行货币的要求，但它与成员国的货币并行使用，具有一些平行货币的特征。因此，可以称之为一种"准平行货币"。它的广泛使用为发行统一货币即欧元奠定了良好的基础。

1989 年 6 月欧共体马德里首脑会议通过了《德洛尔报告》，决定从 1990 年 7 月 1 日分三个阶段实施欧洲货币联盟。《马斯特里赫特条约》又对欧洲货币联盟进程展开了更全面、更详尽的部署安排。ECU 作为"准平行货币"的使用范围不断扩大，并加快了金融市场一体化进程，加强了财政政策、货币政策、汇率政策的配合。1994 年成立的欧洲货币局以及以后组建的欧洲中央银行为 ECU 的平稳运行以及结构政策和地区政策的协调确立了组织上的保证，并为扩大共同体制定经济政策的权利，条件成熟时引入欧洲单一货币创造了条件。

1999 年 1 月 1 日到 2002 年 1 月 1 日为欧元启动的过渡阶段。ECU 完成了它的历史使命，退出了历史舞台。欧洲货币联盟正式成立，第一批成员国货币同欧元实行固定汇率制。过渡期间的欧元仍只是一种记账货币，与成员国货币同时流通，在很大程度上仍只是一种准平行货币，直到 2002 年 7 月 1 日成员国货币正式"退役"，欧元纸币和硬币全面进入流通领域，欧元才正式成为唯一的非主权国家的单一货币。

从欧洲货币合作的发展历程可以看出，欧洲货币合作走过了由"计算单位"向"CUA"再向"ECU"渐进发展的路径，最后达到了"单一货币"的目标，它实施的是一种由"准平行货币"向"单一货币"逐步推进的模式。

2. 欧洲债务危机与货币一体化质疑

欧洲货币一体化是最优货币区理论的实现。经过 60 年代自由贸易区、关税同盟及共同市场的逐步建设，欧洲将货币金融合作提上议程。1971 年《维尔纳报告》提出货币合作十年过渡规划，以期 1980 年形成单一货币并建立欧洲中央银行。之后，虽然 1973 年布雷顿森林体系崩溃，造成欧洲经济与货币联盟计划在各国实行独立的浮动汇率制中搁浅，但 1978 年欧共体正式提出建立欧洲货币体系建议，设立欧洲货币单位，形

成稳定汇率的机制，并在1989年《德洛尔报告》和1992年《马约》中详尽安排货币、金融市场一体化进程，严格按照最优货币区条件，要求成员加强货币、财政、汇率等政策的配合与趋同。最终，欧元区于1999成立，欧洲有了对国际货币金融领域进行联合干预和抗衡的一股力量。

但是，随着欧洲债务危机的爆发，引发了人们对欧元区的质疑。事实上，欧元区的合作效力似乎在2003年就减弱了。欲与美元分庭抗礼的欧元，在国际储备中的占比从1999年的17.9%上升到2003年的25.2%之后，就不再有大起色，上下徘徊了6年之后，2009年虽有突破，也只有27.3%. 欧元区相对世界的经济发展也在2004年出现拐点，占全球GDP比重一路下滑，遭遇危机，更是雪上加霜。欧元区内成员间的经济发展差异也从2003年开始日益扩大，人均GDP最高与最低值之比从2002年的4.1（同1999年）扩至2009年的5.1。若考虑后继加入的斯洛文尼亚、塞浦路斯、马耳他和斯洛伐克四国，欧元区内经济发展不平衡更为严重。

或许，欧元区的坎坷部分印证了Klimenko（1998）提出的最优货币区“俱乐部”理论。最优货币区类似公共产品，随着成员国的增多，后续成员加入成本将不可测，政策协调出现低效率，或者后续成员存有趋劣性，都有可能致使“俱乐部”崩溃。

三、金砖国家的金融合作

1. 金砖国家金融合作的背景

金砖国家作为新兴经济体的主要代表，近年来在金融合作方面取得了明显进展。2012年3月28日的金砖国家领导人第四次会晤的一大议题是探讨建立金砖国家间的金融合作机制。金砖国家深化金融合作，符合当前全球经济发展趋势和金砖各国长远利益。2013年3月，在南非德班举行的金砖国家峰会取得了三项重要成果：设立金砖国家开发银行（Development Bank）、金砖国家应急储备安排（Contingent Reserve Arrangement）和工商理事会（Business Council），其中前两项涉及金融领域的合作。在世界经济存在不确定性的大背景之下，金砖国家作为最具活力的新兴经济体代表，其在金融领域合作的实质性推进，有可能对世界未来的经济格局产生深远影响。

从全球角度看，金融危机以来世界经济格局发生重大变化：一方面，受金融危机和债务危机重创，欧美经济增长不振；另一方面，近年来，以金砖国家为代表的新兴经济体增速明显超过发达经济体，对世界经济增长的贡献日益增大，相互间的经贸往来也日益增多，资本实力进一步增强。统计数据显示，2010 年，包括巴西、俄罗斯、印度、中国和南非在内的金砖国家的国内生产总值约占世界总量的 18%，贸易额占世界的 15%. 2001 年至 2010 年十年间，金砖国家之间贸易额年均增长 28%，仅 2010 年一年就达到 2300 亿美元。金砖国家经济实力增强和贸易扩大，催生出更大规模的相互投融资需求，要求更多的金融制度、渠道、设施和服务与之配套。

与此同时，金砖国家现阶段自身经济发展仍存在瓶颈，如资本开放度不高、经济结构不尽合理、基础设施相对落后、金融市场功能尚不完善、地区发展差异明显等。因此，加强相互间的金融合作，可以有效利用各国闲置资本和资源，从而更好地促进金砖国家经济平稳发展，同时可以共同化解金融风险，提高其应对金融危机的能力。

2. 金砖国家金融合作的进展

金砖国家近几年来一直在寻求金融合作，并试图将这种合作制度化、具体化。随着金融合作机制的逐步推进，一些具体项目已经取得了实质性进展。

一是本币结算和贷款业务规模的扩大。例如，截至 2011 年底，中国国家开发银行为金砖国家的几十个项目提供的贷款余额达到 400 多亿美元，涉及基础设施、能源资源、重大产业等多个领域。

二是金砖国家正在积极探索资本市场方面的合作。2011 年 10 月，巴西证券期货交易所、莫斯科银行间外汇交易所、印度孟买证券交易所、中国香港交易及结算所有限公司和南非约翰内斯堡证券交易所在南非举行的国际证券交易所联会会议上宣布成立联盟，并于 2012 年 3 月 30 日起将各成员交易所的基准股市指数衍生产品在各自的交易平台上互挂买

卖，此外还计划合作开发代表金砖国家的新股市指数相关产品等。

三是金砖五国的国家开发银行在2012年3月29日签署了《金砖国家银行合作机制多边本币授信总协议》和《多边信用证保兑服务协议》，意在稳步推进金砖国家间本币结算与贷款业务，为各国间贸易和投资便利化服务。这是金砖国家合作的又一大突破。此外，确定金砖国家开发银行框架是德班金砖峰会的重要成果之一，其出发点是满足成员国基础设施建设的资金需求，同时也为与其他新兴市场、发展中国家以及地区性开发银行的未来合作提供便利。建立一个旨在为发展中国家提供融资渠道并由发展中国家独立管理、独立出资的开发银行，不仅是新兴经济体合作进一步深化的标志，也体现了新兴市场国家为建设国际经济政治新秩序所做的努力。

四是金砖国家应急储备安排。在德班峰会上，金砖五国领导人同意建立1000亿美元的应急基金，为成员国提供额外的外汇支持以减轻外部资本流动造成的冲击，并为成员国参与国际大宗商品的定价博弈提供支持。自2011年下半年起，发达国家相继推出宽松货币政策，汇率波动日趋频繁，巴西和印度的货币对美元汇率在一年之内就贬值了近30%.2012年底以来，金砖国家的货币重又进入升值轨道，导致其出口竞争力相应下降。应急储备安排的建立将有助于提高金砖国家的金融稳定与安全。此外，金砖国家应急储备安排还可以降低金砖国家对国际货币基金组织和世界银行的依赖。

3. 金砖国家金融合作的影响

随着以金砖国家为代表的新兴经济体的崛起，全球经济重心正在转移。金砖国家的金融合作，将有助于全球贸易体系、货币体系以及大宗商品价格形成机制等的平衡完善，在全球层面产生深远影响。

从已经取得的合作成果看，金砖机制能补充国际金融体系中的不完善部分。比如通过扩大本币结算和贷款，建立起货币互换机制，减轻对美元的过分依赖，能规避汇率风险和降低交易成本，推动金砖国家货币的国际化。

现有国际金融体系存在很大问题，金砖国家可以协调一致，通过增加发展中大国在国际货币基金组织等国际机构中的地位和话语权，推动现有国际金融体系朝更加合理的方向发展。2012 年新德里金砖峰会之后，金砖五国发表联合声明，要求 IMF 尽快实施 2010 年达成的份额改革议案，增加新兴经济体 6%的投票份额。一旦这项改革实施，中国将成为 IMF 的第三大股东，其他四国也都会进入前十大股东之列。

相关数据显示，在世界银行投票权改革中，金砖国家的投票权总体有所提高，已超过 13%，中国、印度和巴西的投票权都有所上升。国际货币基金组织也已提出了把超过 6%的份额转移给有活力的新兴经济体和发展中国家的方案。

当前世界政治经济局势不稳，欧美债务负担沉重，再加上金砖国家国情有差异，金砖国家间金融合作仍面临不少挑战。但总体看，随着金砖国家经济实力的整体提升，其未来金融合作空间仍相当广阔。

4. 金砖国家金融合作面临的挑战

21 世纪头十年，在外部稳定的经济大环境下，新兴市场国家成为了全球经济增长的主要引擎，金砖国家的表现尤为抢眼，其综合实力、社会福利和国际地位显著提升。然而，此轮国际金融危机爆发后，新兴国家的经济增速逐渐放缓，金砖国家也面临新的挑战。

"金砖成色"下降。近年来，尽管金砖国家的 GDP 增速在世界上名列前茅，但是人均 GDP 与发达国家相比仍有较大差距。根据世界银行 2013 年全球发展指标中人均 GDP 排名，在 180 个国家和地区中，金砖国家里面排位最高的俄罗斯居第 44 位，巴西、南非、中国、印度分别排在第 74、第 80、第 92、第 127 位。虽然金砖国家经济增长速度较快，但也面临着较为相近的发展瓶颈：在全球产业链中地位较低，金融市场薄弱，出口结构不合理，高度依赖外部需求等。这些都是摆在金砖国家缩小与发达国家差距道路上的巨大障碍。另外，除南非以外的其余金砖国家的金融体系还不很健全，直接融资受到种种限制，间接融资相对比重较大，这样的局面不利于金融合作的深化和效率的提高。再加上金砖国家长期以来在国际货币体系的话语权微弱，金砖国家开发银行和应急储备安排的预期效果能否完全实现还需观察。

金砖国家的利益不完全一致。国际金融危机尤其是欧洲债务危机爆发之后，国际金融机构的救助附加了很多苛刻的条件，这为金砖国家的合作创造了机会。加上一些新兴经济体历史上曾经遭受过债务危机，它们对于金融合作的愿望较强。金融合作需要以经济合作为基础，金砖国家在资源禀赋和产业结构上的差异为相互之间的贸易合作创造了条件。但是作为国际经济中的后发群体，金砖国家的发展模式相似且同处于全球价值链的低端，出口依赖型经济结构使得它们之间的竞争不可避免。其次，金砖国家在石油等大宗商品的定价权上也展开了争夺。例如，中国和巴西围绕铁矿石价格、中国和俄罗斯围绕石油和天然气价格一直在展开谈判，进展相当艰难且多有反复。最后，除了经济利益的冲突外，金砖国家在历史文化传统、地区战略选择以及经济转型等方面也存在一定的差异，导致它们在国际治理中的向心力短期内难以形成。

制度安排上存在不足。当前，金砖国家的合作形式比较松散，没有形成固定机制，金砖峰会由5国“轮流坐庄”，没有常设秘书处，这些必然会影响合作的效果。另外，随着金砖国家经济实力的加强，对全球经济增长贡献度的提高，以及在全球治理中日益上升的地位，金砖国家的金融合作必将受到一些既得利益集团的限制和干预，这也会对合作进程产生影响。

四、上海合作组织

1. 上海合作组织的发展

中亚地区在自然资源方面具有更为重要的地位，其油气资源探明储量大、潜在储量更大，而且已开采量很小，中亚油气开发总体上仍处于起步阶段。上海合作组织经过10年的发展，成员国之间的资源禀赋使得合作不断深化，在政治、安全、经济和人文领域的全面合作取得了举世瞩目的成就。

上海合作组织应对全球性危机成效显著。2009年6月的上合组织元首会议《联合声明》指出，应采取有效措施，减少国际金融危机影响，推动本组织所在地区更加紧密的经贸和投资合作。在此背景下，中方承诺将提供100亿美元信贷，支持本组织框架内的多边和双边项目合作；同时组织了贸易投资促进团赴各成员国，推动中国与其他成员国的进出口贸易和双向投资。在同年10月召开的总理会议上，成员国通过了《上海合作组织成员国关于加强多边经济合作、应对全球金融危机、保障经济持续发展的共同倡议》。2010年11月温家宝建议上合组织深化财政金融合作，研究成立上合组织开发银行，探讨共同出资、共同受益的新方式；扩大本币结算合作，促进区域经贸往来。自2008年国际金融危机以来，中国在双边和多边场合同意和承诺向上合组织成员国提供资金达450亿美元，其中包括给俄罗斯250亿美元和哈萨克斯坦150亿美元。俄罗斯也向上合组织其他成员国（欧亚经济共同体成员国）提供了75亿美元的危机应对资金。此外，中国国家开发银行在银联体机制内提供和承诺的资金以及俄罗斯对吉尔吉斯斯坦等国的承诺，总额高达600亿美元。同期，中俄金融合作不断深化，俄罗斯已经准备把人民币作为其储备货币，人民币对俄金融家的吸引力也越来越大。2010年2月俄罗斯一家商业银行宣布，俄罗斯储户已可以在该银行开设人民币存款账户，这是俄银行业首次推出人民币储蓄业务。从2010年12月以来，俄罗斯对外经济银行、莫斯科银行、通讯银行等分别开设了人民币结算业务和人民币往来账户。目前，中国已与白俄罗斯（200亿元人民币）、塔吉克斯坦（500万美元）和哈萨克斯坦（70亿元人民币）成功地实现了货币互换，中国国家开发银行已与其他成员国全面签署了合作框架协议、项目合作协议、银行授信协议、谅解备忘录、联合融资办公室协议等各类合作协议。

2. 上海合作组织取得的成就

加快了组织内的货币互换。货币互换的目的在于降低筹资成本及防止汇率变动风险造成的损失。数据显示，在当前国际市场急剧动荡、汇率频繁波动的情况下，进出口企业有可能面对的汇率损失最高可到4%～5%，贸易环境不断恶化。而货币互换能够有效规避汇率风险，促进贸易往来。近年来，中、俄、哈等国都积累了大量的外汇储备，货币互换协议是国家之间的相互援助，对于维护国家经济金融的稳定，促进经济增

长将会起到重大作用。另外，货币互换机制能够大大稳定公众心理，消除金融危机的“自我实现机制”，同时使国际投机资本的投机风险增大，降低其攻击性，从而使货币危机在发生之前得到控制。

建设组织内贸易结算支付体系和本币跨境贸易结算。建立区域性贸易结算支付体系既是金融合作的重要内容，又是加强经济合作的基础。为了减轻区域内贸易对美元等强势货币的过度依赖，降低交易成本和汇率波动对国际收支的影响，有必要加强组织内各国之间货币的直接结算。成员国的贸易商在本国银行可以开设贸易对象国货币的结算账户，商业银行在本国中央银行可以开设其他成员国货币的账户，成员国之间贸易使用本币结算。贸易差额可在商业银行将贸易对象国的货币换成本国货币或约定的国际货币，商业银行的交易差可在中央银行换成本国货币或约定的国际货币，对象国的中央银行承诺用约定的国际货币支付其贸易差额。2008 年 12 月 4 日，中俄关于在双边贸易中使用本国货币结算的进一步磋商谈判在北京拉开帷幕。俄罗斯中央银行副行长梅利尼科夫表示，当前严峻的世界经济形势更加要求两国加快推进在双边贸易中使用本国货币结算的进程。这不但是俄罗斯建立新的国际金融中心的步骤之一，也是中国实现人民币国际化的第一步。中俄两国银行间合作的初级阶段已经完成，这将为中俄贸易规模的扩大和质量的升级提供重要的财政支持。中俄两国目前都具有庞大的外汇储备，这是两国国内货币汇率保持稳定的重要保证。

3. 挖掘上合组织金融合作的广阔潜力

首先，推进上合组织成员国企业到中国上市融资。其他成员国特别是俄罗斯企业在全球金融危机之前主要是在伦敦和纽约上市，但在当前条件下，这些地方的融资能力不足，而俄罗斯也希望摆脱企业对西方融资的依赖，防止关系恶化时遭受资金冻结。俄罗斯公司开始寻求在香港上市，两国可以就俄罗斯银行在香港证交所发行存托凭证和进行首次公开募股签订协议。不久前，俄联邦金融市场局和中国证监会在北京签署了相应的备忘录，使中国公司发行的有价证券获得了进入俄罗斯市场的许可。现在能够在俄罗斯市场购买到中国公司的有价证券，中国金融机构进入俄罗斯证券市场，预计中国向俄罗斯的投资将会增长。从近期看，中俄两国可以考虑建立一个双方的证券监管机构、证券交易所、证券公司多层次的交流制度，分别就监管情况、交易所建设、证券公司业务拓展等问题展开讨论。通过这一机制，使两国证券界人士加强接触和相互了解。从长远看，中俄双方甚至可以考虑成立联合证券公司或者是联合投资银行，在双方甚至第三方的资本市场上运作；未来的莫斯科国际金融中心、上海国际金融中心和香港国际金融中心可以实现全面合作，三者之间既有竞争又有合作。

其次，挖掘"能源金融"领域合作的可能性。所谓能源金融是指通过能源资源与金融资源的整合，实现能源产业资本与金融资本不断优化聚合，从而促进能源产业与金融产业良性互动、协调发展的一系列金融活动。由于能源和金融在经济发展中的特殊地位，能源金融不仅是能源和金融发展中的战略问题，而且是经济发展中的核心问题。在这场全球金融危机中，各成员国都受到不同程度的冲击。有些成员国拥有外汇储备，但企业海外借债过多，外资逃离对市场冲击很大，加之油价下跌，依赖能源出口使这些国家的经济面临困境。由于中国与上合组织成员国之间在经济上具有很强的互补性，中国对这些国家的能源需求很大，而这些国家目前也需要中国给予金融支持，共渡难关。作为世界能源生产与消费大国之一的中国，应该尽可能地探索相互之间能源金融合作的可能性，尝试借助资本市场使我国的石油公司获得更大增长空间。

最后，推动成员国之间双边或多边的功能性金融合作。构建多边的中央银行货币政策协调与业务合作机制，建立区域性金融信息交换、金融风险监控和危机援助机制，建立区域性信用评估机制和投资担保机制等。加强成员国之间商业银行的业务合作，提升商业银行顺畅贸易、促进投资的功能。发展出口信用保险，为企业对外贸易、投资和工程承包等活动的合法权益提供风险保障。在金融全球化的大趋势下，各国在制定金融政策和进行金融活动时，双边乃至多边协作具有重要意义，特别是在发生金融危机时，各方可以采取协调一致的政策以共渡难关。在成员国各方相互依赖性和影响力与日俱增的情况下，政府在制定宏观货币

政策时若不考虑对其他国家经济的影响，则会遭到对方“以邻为壑”的货币政策报复，最终结果是双方都不愿意看到的。进行货币政策的双边和多边国际协调就是必然的理性的选择，只有合作的货币政策才对各方都有利。因此，未来在制定国内货币政策的过程中，上合组织成员国央行非常有必要通过磋商等方式来对某些涉及货币的政策进行共同的设置，以互利的方式来调整各自的货币政策。在利益发生冲突或无法确保双方的经济福利同时达到最大化的情况下，更有必要进行货币政策合作。

第五节　几点启示

经济全球化的浪潮中，区域经济、金融合作日显重要。一方面，区域内经济互补与趋同创造整合利益，加强区域整体经济实力；另一方面，货币金融合作可以帮助抵御全球化中资本流动等因素对经济造成的不利冲击，区域信心的树立还可有效预防危机发生。因此，在经济全球化条件下，各经济区域如雨后春笋般建立，旨在建立货币联盟、实现区域经济一体化。通过对世界范围内主要区域金融合作的实例进行总结，本章就中国与欧亚金融合作得出几点启示。

一、确立合作的理念和轴心

根据各个区域金融合作的实践经验，互利共赢是金融合作的基本理念。面对复杂多变的国际金融形势，区域金融合作是大势所趋。同时，在一个金融合作的区域中必须有两个或两个以上核心大国的倡导、推动，区域合作才能成功。而如果只有一个核心大国，缺乏其他大国制衡，也容易造成合作组织为一个大国服务的局面。在欧洲一体化进程中，法、德合作始终是核心力量；在上海合作组织和金砖五国中，轴心也是两个以上。

二、适当选择利益切合点

欧洲、东盟和金砖五国等的金融合作之所以能在扩大的道路上不断推进，源自一体化带来的巨大利益和兼顾各方的共赢策略。目前，欧亚各国政治、经济竞争冲突较为激烈，这就要求人们认清客观存在的有力的利益结合点来推动区域金融一体化，如能源、贸易等。面对各种挑战，欧亚国家之间只有形成强大的利益交汇点，充分发挥各自的政治经济智慧，才有可能实现富有成效的合作。

三、照顾发展水平较低国家的利益

北美自由贸易区的"原产地原则"体现了区域合作应优先保障区域内经济发展的原则。但区域内实行有差别的贸易壁垒消除安排，使一些国家如墨西哥得到很大优惠，充分照顾了发展水平较低国家的利益。在东盟金融合作中，在总体经济规模和金融发达程度上具有优势的日本向其他国家提供一些帮扶政策，从而使得区域金融合作取得一定成效。欧亚金融合作要成功实现，也应对经济发展水平不同的国家给予不同的政策优惠，在各国经济差距逐渐缩小后，再考虑一致的贸易、经济、金融政策。

四、促进金融合作机制化建设

在第一阶段，为了支持区域贸易和投资的便利化进程，加强各国金融领域的信息交流、人员培训和项目库建设，逐步建立各国金融领域的交流机制和平台，这一目标随着成员国之间中央银行对话机制的建立、欧亚经济合作论坛的举办以及"一带一路"战略的筹备等正在逐步实现。

在第二阶段逐步形成面向长远的金融合作框架，逐步建立区域内各国金融政策的多边协调机制并开展一系列金融创新性质的合作，诸如区域性贸易信用保险机制、信用评估机制和投资担保机制、贸易结算支付体系、政策性金融制度安排等。最终为实现区域内货物、资本、服务、技术自由流动，金融领域的合作发展到更高的层次，建立一系列复杂的、紧密型的金融合作制度安排，如上合货币基金组织、上合银行，构建区域性统一的资本市场等。

五、建立有效的区域金融合作制度约束

在制度设计上要建立金融风险管理体系，加强金融合作监管。同时能够平衡各国的利益，形成一种相互制衡、合作共赢的稳定金融合作状态。欧亚区域金融稳定应该达到这样一种状态，即区域内整体金融运行环境良好，管理机制健全，并具有较强的风险防范与化解能力。

六、发展中国家的货币一体化模式推动理论发展

面对发展中国家实施货币一体化的意愿与进度，传统的货币区理论已难以提供支持。于是，20 世纪 90 年代，最优货币区理论有了新发展，成本一收益理论、内生化理论占据主导。成本一收益理论权衡成立和发展货币联盟的成本收益，认为当一国加入货币联盟以及货币区吸纳新成员的收益大于成本时，就应该积极推进合作与一体化。内生化理论则暗示，即便候选国的各项经济、政策指标趋同条件未能满足，在加入货币联盟之后，也会逐步通过货币金融合作达到趋同，实现最终的经济一体化目标。

对于发展中国家，区域货币金融合作往往收益大于成本。收益表现在：首先，货币金融合作降低区内的交易成本，促进资源的流动与配置，增强价格透明度，提高经济效率；其次，合作帮助防御危机；最后，提升政策公信力，促进经济的稳定发展。成本则表现在货币政策、财政政策会受到限制，而这些可由区域通过基金或财政转移机制来弥补。

发展中国家货币一体化困难重重，但困难遇到越来越强的合作意识，结果会是区域金融合作越来越多样化。巴西、阿根廷因危机在南方共同市场联盟搁浅近十年后，于 2008 年建立贸易本币结算。2009 年 10 月 16 日，玻利瓦尔美洲国家联盟同意创立新的地区货币“苏克雷”（SUCRE），从而逐渐减少使用美元。西非货币经济联盟的诞生是发展中国家进行金融合作的典型代表，它的存在一方面源于外部力量的推动，另一方面源于本区域成员国对经济金融发展与稳定的内在需求。西非金融合作的成功打破了经贸合作先于金融合作的传统，区域内统一的货币——

非洲法郎，稳定地钉住欧元的汇率制度，为区域内的要素流动、贸易及投资节约了成本，规避了风险。

第六节　本章小结

本章主要介绍中亚地区、东亚地区、泛北部湾地区及其他地区的区域金融合作的形成历程、区域金融合作的措施和成效、存在的问题和未来发展前景等。通过主要的国际间金融合作的实践经验，试图寻找出适合欧亚区域金融合作的途径，并能够为欧亚区域金融合作提供制度设计的范本，为实现欧亚地区的金融稳定发展和防范金融危机作出贡献。

由各区域金融合作的实践来看，国际间的区域金融合作有值得借鉴的成功之处，也存在一定不足。自中国—东盟自由贸易区建成以来，中国与东盟的经贸合作日益紧密，金融合作也取得了许多实质性的进展。就合作范围而言，既有金融当局间的合作，也有市场参与主体间的合作。但是由于政治、经济以及金融合作机制的缺陷等原因，目前的合作仍大多停留在制度框架的搭建层面，内涵建设少，合作程度较低；随着中国与中亚五国经济的发展和经贸关系的不断升级，区域之间的金融合作已经初见成效。按照广义范畴的区域金融合作内容大致分为央行政府层面的合作、银行业之间的合作、证券领域的合作。但该区域金融合作只处于初级层次，总体表现为各国间签署的大多是政策性的合作协议，商业性的协议较少；泛北部湾区域金融合作取得一定成就，但各国经济发展水平不平衡成为其进一步合作的主要障碍；北美自由贸易区中的金融合作主要是为贸易服务的，金融合作机制的合理设计、美国强大的金融支持和丰富的物质资源使得区域内的国家在合作的基础上实现金融稳定和创新；欧洲金融合作经过多年的探索，已经形成一个良好运作的欧洲货币体系，货币实现了由准平行货币到单一货币即欧元的跨越，但在此次债务危机中，欧洲金融合作也表现出它的脆弱性，从而引发了人们对最优货币区理论的重新思考；金砖五国和上海合作组织中的金融合作体现了金融发展的重要性，各国重视的焦点不单单是经贸合作，而是希望通

过金融合作来打破世界几大金融机构霸权的地位，在国际金融领域获得应有的话语权，并且已经在本币结算、货币互换、稳定汇率方面取得了一系列成果。

区域金融合作的基础是区域内各国拥有相近的经济制度、经济发展水平和经济结构。由于欧亚金融合作包含的国家多，涉及的地理面积大，各国的经济金融发展水平和对外开放程度具有较大差异性，因此区域内部的各国要在贸易政策、宏观经济政策和汇率政策方面相互协调，这也就决定了欧亚区域经济金融合作只能是分层次、有步骤地逐步推进。金融合作机制的设计也是至关重要的，在克服经济发展水平差异性的经济制度障碍的基础上也要考虑非经济的制度障碍，尽可能减少政治冲突，加强各成员国金融当局的交流。同时，各经济体继续密切区域经贸联系，推动区域经贸一体化，以形成对区域金融合作需求的倒逼。总之，各国需要秉承务实、互利的原则，通过多种金融合作方式，构建多层次金融合作体系，进一步推进双边贸易本币结算和本币贷款，促进本币国际化，增强欧亚金融合作在全球金融治理中的作用和地位。

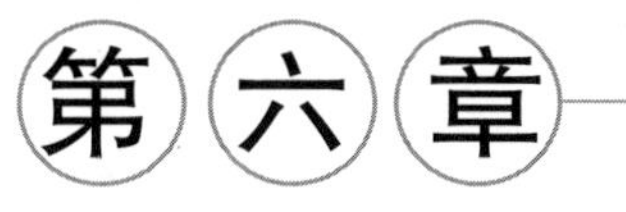

第六章 中国与欧亚金融合作发展的未来构想

经济全球化、区域经济一体化和金融经济国际化是当今经济发展的潮流。欧亚地区金融合作对我国经济金融发展意义深远，但是，如何拓宽欧亚金融合作的范围？如何让中国与欧亚金融合作落到实处？多层次构建欧亚金融合作平台能不能实现？又通过何种措施来实现？丝绸之路经济带经济发展格局与区域经济一体化模式如何构建？这些问题的回答对于落实中国与欧亚金融合作工作具有重要的现实意义。

有鉴于此，本章将着重分析中国与欧亚地区金融合作的未来构想，从构想目标、构想原则、构想途径、构想内容与构想措施五个角度分别阐述如何具体落实中国与欧亚地区金融合作，希冀为中国与欧亚地区金融合作发展建言献策。

第一节 构想目标

近年来，在上海合作组织、联合国等地区和国际组织的支持与参与下，欧亚地区各国携手努力，区域合作目标已经确定，框架日益清晰，机制不断完善，合作积极推进，呈现良好发展势头。区域合作下一阶段工作的中心任务是落实各方共识，采取切实措施，尽快将合作潜力转化为实际成果。关于中国与欧亚金融合作的发展目标应当是：落实共识，采取措施，将合作潜力转化为实际成果。具体来看，中国与欧亚金融合作应当包含以下具体目标。

一、开展交流对话，增进相互信任

睦邻互信是本地区各国关系健康发展的基础，也是区域合作持续发展的关键。应发挥论坛代表来自各国不同阶层、具有广泛代表性和影响的优势，使政治界、学术界、实业界和普通民众四个层面坦诚交流，取长补短，求同存异，促进本地区各国人民的相互了解和友谊，努力构建和平、和睦、和谐的欧亚伙伴关系，为区域合作发展注入源源不断的动力。

由于"交易成本和不确定性的重要性，意味着维持机制比建立机制更容易"，所以，调整和改造原有机制比推倒重来要更加合算。但是，在旧机制中培育出来的相互信任感和一些规则，随着环境的改变、形势的发展、各国相互依赖的加强以及政策空间密度的增加，促使中国与欧亚地区各国家在此基础上去建设一套成熟的、互惠互信的区域合作机制。

二、确定优先领域，开展务实合作

应把加快发展、提高人民生活水平，作为本论坛的宗旨。按照循序渐进的原则，首先根据本地区各国经济发展的优势和特点，选择能源、投资、旅游等重点领域进行研究，确定阶段性目标并制定落实计划。取得一定突破后，再逐步扩展到科技、人文等领域。基础设施建设对本地区经济发展意义重大，当前和今后一个时期，应当把交通、能源、通信三大网络建设作为区域经济合作的优先领域。

由于受到自身经济发展水平和产业结构的影响，仅靠本地区内的国家难以推动中国与欧亚地区金融合作。因此，中国与欧亚地区国家应在合作的基础上加大与区域外国家的经济往来，以便拉动自身经济的发展。如果仅着眼于短期内的直接收益，这种一体化是落后基础上的一体化，各国最终仍然无法面对世界范围内的竞争。而且保护得越久，会使得企业彻底失去竞争的动力和市场化的意识，其保护落后的弊端就越大，当最终面对世界竞争时，其机会成本将更为高昂。当前俄白哈关税同盟与欧洲自由贸易联盟正在进行的自由贸易区谈判无疑是正确的选择，但考

虑到欧洲自由贸易联盟的规模，欧亚经济共同体更应将与欧盟和中国的自贸区谈判列入日程表以发挥这两大经济体对各国的拉动作用。

三、坚持对外开放，拓宽合作领域

坚持对外开放，是本地区全方位进入国际市场并从中受益的有效途径。要充分运用上海合作组织、联合国有关机构和本地区各国的资源与优势，广泛同贝加尔经济论坛、圣彼得堡经济论坛、国际金融机构开展合作，使区域合作的道路越走越宽。欧亚国家均面临利用国内国际市场和资源的相同任务，应发挥各方积极性，走出一条毗邻地区相互合作、协调发展的新路。

区域经济合作组织对成员国是具有保护性的，但是各国加入区域经济合作组织的最终目的并不是仅满足于建立一个小范围的保护组织，而是希望在保护性的基础上增强自身竞争力以发展经济。北北或北南的一体化组织是以市场化为基础并形成了资本、技术溢出情况下的一体化，而南南一体化则是在各国低水平的基础上形成的一体化，彼此间无法形成技术、知识、制度的外溢。当前由巴扎贸易构成的贸易网络在中亚形成了一个与各国政府推动的官方一体化相平行的民间的一体化机制，与官方的一体化相比，前者的形成基础更为市场化，因此尽管其存在诸多不足，各国政府应对此予以扶持，并切实转向在市场化的基础上发展经济一体化，从长远来看这是各国的最优选择。

四、注重合作实效，实现持续发展

要推动论坛持续发展，为欧亚区域合作作出实际贡献。根据本地区发展的需要，不断充实和完善论坛职能，密切跟踪和认真研究本地区各国经济发展及合作中存在的问题，交流发展经验，为企业合作牵线搭桥、安排对接，提供智力和政策咨询，为政府完善促进经济合作的法律法规和改善贸易投资环境提供建议和依据。

中国与欧亚地区金融合作动力以前更多的是来自各国对利益的期望和政治的推动（多米诺效应表现为政治领导人的推动压力），但一体化的经济基础并未真正形成，而且各国对究竟应从一体化中获取何种利益并不清楚。如俄白哈关税同盟，如果不能在制度改进、产业升级、技术溢出方面对其有促进，只是看重短期内贸易转移效应的产生，那么从长远来看，关税同盟很可能会如同以往中亚国家的一体化组织一样流于形式。

第二节 构想原则

本章所提出的"欧亚金融合作"概念，是基于金融全球化、金融自由化与区域集团化趋势中，让欧亚金融客观地成为当今与未来区域金融发展的重要组成部分。中国与欧亚金融合作发展的构想原则为"互利共赢、共同发展与构建多层次多功能的欧亚金融合作机构"，这是出于几个方面的考虑。首先，欧亚金融合作的长效机制需要通过金融机构和金融创新（包括制度建设和产品创新）来兑现和巩固发展；其次，充分兼顾欧亚经济区相关国家和"自由贸易区"六国的国情，各自的发展需求以及欧亚经济区的优势与弱势（如各国资源丰富但经济不平衡，欧亚经济合作起步晚，水平不高，互补性强但拉力不足等）；再次，加强双边与多边合作，公共部门与私人合作，政府与企业的合作，区域内与区域外的合作。

为进一步推动中国与欧亚地区经济社会发展，全面提高欧亚地区金融合作水平，本着"互利共赢、共同发展与构建多层次多功能的欧亚金融合作机构"的基本原则，本章提出以下五点具体操作原则。

一、以融资推动规划先行，结合各国国情开展合作

以融资推动规划先行，结合国情开展区域、社会、产业和市场等方面的科学发展规划，加强金融在规划领域的合作。今后会着眼于欧亚地区企业的实际需求，打造多渠道融资平台。当然，更重要的是建立长久稳定的合作机制。全国政协副主席陈元说，欧亚地区各国都处于发展的关键阶段，在推进务实合作过程中，各国需发挥好金融的作用，把区域内开发性金融机构、其他政策性金融机构、商业金融机构、国际多边金

融机构的力量结合起来，将欧亚地区务实合作推向更广领域、更高层次。为此，要加强平台建设，建立持久稳定的区域金融服务机制，扩大上合银联体的开放度，加快建立上合组织开发银行，为区域务实合作注入新的活力和持久动力。

二、加强银联体成员行之间的沟通与协调

加强银联体成员行之间的沟通与协调，尽快成立常设协调小组，建设银联体信息平台及网站，同时吸收更多上合组织框架内的金融机构参与合作，促进银联体运作的规范化、制度化。

探索金融有效支持实体经济发展的合作模式，打造经济持续发展动力。欧亚各国在后金融危机时期，都需实现产业转型升级，减少对能源、资源的依赖，现在已逐渐成为很多欧亚国家的共识。在当前的国际经济发展中，新能源、电子信息等新兴产业正在蓬勃发展，必将对全球政治经济格局带来深远影响，也必将对现代金融提出新的更高的要求，这就需要欧亚各国对金融更好地服务实体经济发展进行共同的探索和实践。

三、由政府与金融机构共同推进，促进合作方参与融资和分担风险

建立多边或双边的联合信用与风险担保机制，促进合作方参与融资和分担风险，创造政府财政资金与银行信贷资金良性互动的运作模式。要着力改善经济金融运行环境，为企业发展提供便利条件和有利环境。这方面要做的工作很多，其中很重要的一项就是要深化本币合作，努力实现各国在经常项目和资本项目的本币兑换和结算，以增强抵御金融风险的能力，促进贸易和投资便利化。

四、从基础设施、基础产业、农业、中小企业等领域入手

从基础设施、基础产业、农业、中小企业等经济社会发展的领域入手，通过货币互换、多边授信、银团贷款等多种方式开展金融合作，不断拓展合作领域，创新合作方式。国家开发银行李吉平副行长曾说，后

金融危机时期，亟须要完善欧亚区域内的基础设施，并做好各国产业转型升级，减少对能源、资源的依赖，中长期融资和规划就显得十分重要，同时必须要深化金融合作。国开行今后将会继续推动规划合作，加大对重点领域的投融资支持，扩大本币在贸易和投资领域的运用，积极落实上合组织框架下的有关经贸合作内容，加强多边金融合作，努力为本地区经济社会发展提供全方位的金融服务。中国进出口银行行长刘连舸也曾指出，中国进出口银行也会坚持互利共享，支持欧亚地区基础设施建设和民生项目。

五、增加金融机构间的高层互访，开展多层次、多形式的交流

最近几年来，在后金融危机时代，如何尽快摆脱增长乏力的束缚、如何有效应对和防范类似事件再次发生，金融机构间如何合作等，成为了我国与欧亚各国需要认真研究和思考的课题。对此，众多学者和政策制定者认为，只有围绕共同发展繁荣的目标，坚持求同存异、携手并进，通过广泛而富有成效的沟通与合作，才能寻找破解发展瓶颈的办法。

积极开展欧亚金融机构之间的全方位合作，提升区域金融合作水平和整体实力。我国与欧亚各国之间的经济合作潜力大、范围广、前景好，企业之间互相投资意愿强，这些都需要金融提供及时、有力和高效的支持。欧亚各国今后需要进一步改善金融政策，吸引鼓励其他国家各金融机构设立分支机构，增进金融市场活力。同时，各国金融机构可以在金融理念、服务产品、服务对象上开展全方位合作，不断创新融资模式，提升服务水平，多渠道、多层次地满足双方企业的融资需求，促进欧亚国家之间的经济金融合作与发展。

第三节　构想途径

金融经济国际化早在 20 世纪 70 年代就已露端倪，80 年代进一步发展，到了 90 年代演化成席卷全球的大趋势。尽管几次金融风暴的冲击使

金融经济国际化受到异议，但是，金融经济国际化是世界经济发展的必然结果已成共识。金融是欧亚经济合作的重要内容和支撑，为了实现区域经济在更大范围更广领域更高层次的合作，必须加强区域金融的更紧密合作，更好地发挥金融在资源流动和长期合作分工中的配置导向和市场调节作用。欧亚金融合作的构建途径应当是：拓展金融媒介宽度，发挥市场调节作用。具体来讲，有以下方面：

一、金融市场方面的合作

在欧亚区域内的金融合作，尤其要发挥俄罗斯和中国作为国际金融中心的区位优势，各国可借助区域合作的机会，加快本国金融市场的建设，改善金融环境，提高金融市场开放程度，融入到区域经济一体化的进程中，使区域内各国的金融市场之间实现良性互动。在注重金融市场方面合作时，应注重加强保险证券合作建设，以促进欧亚金融合作的尽快平稳进行。

进一步发挥我国保险功能作用，服务中国与欧亚经贸发展。首先，是支持对外贸易，推动中国与欧亚经贸合作与发展。鼓励保险业大力发展出口信用保险等贸易类险种，积极为企业对外贸易和“走出去”提供保险支持，促进我国对亚欧的贸易和投资，深入推进我国进一步向西开放。其次，深化区域合作，推动中国与欧亚保险业共同发展，鼓励保险创新，完善保险服务体系。根据新疆实际情况，加快机构类型、产品服务、销售方式、经营管理、资金运用等方面的改革创新，逐步形成以社会需求为导向的保险创新体系。再次，加强政策引导，加大对各国跨越式发展的支持力度。配合各国新型工业化、新型城镇化等重大战略，支持保险公司以多种形式参与各国建设。支持各类保险机构设立分支机构，推动开发区建设成为我国向西开放的重要窗口。

按照市场化、法制化、国际化的方向，深入推动中国与欧亚经济体资本市场的发展。一是加快多层次资本市场的建设。抓紧制定中小企业股份转让试点扩大的具体方案，并推动试点工作的开展。规范发展区域性股权转让市场，深化债券市场互通互融，扩大交易所中小企业私募债的试点范围，不断扩大市场的深度和广度，更好地满足企业多元化的融资需求，为实体经济更好地服务。二是稳步推动重点领域的改革。适当放宽对创新型、成长型企业的财务准入标准，建立符合创业板市场特点的小额、快速和灵活的再融资机制，推动并购重组市场的改革，丰富并购重组的支持工具，拓宽并购融资渠道，促进产业整合和结构调整。三是进一步"简政放权"，加快职能转变，将目标工作由行政审批向监管执法转型，将工作重点由时间把关向"事中、事后监管"转型。四是加大监察执法力度，强化资本市场执法体系的建设，切实保护投资者尤其是中小投资者的合法权益。五是严格防控系统性和区域性风险，为经济发展营造良好的环境。随着这些措施不断取得成效，资本市场服务经济发展的全局功能必将得到提高，也将进一步增强对新疆乃至西部地区经济社会发展的支持力度。

二、金融机构之间的合作

在欧亚金融多层次多功能机构设计中，应包括与资本市场紧密相关的机构。如欧亚创业基金、产业基金、风险基金和各种为中小企业、能源、农业、科技、旅游行业服务的金融中介机构。最重要的还是金融人才资源的开发，尤其是各类金融专业人才、管理人才与领军人才。欧亚金融的合作成功，关键需培育一大批高素质、高智慧、高创造性的金融人才与专业精英。

区域内金融机构之间可以通过相互联动来提供整体性的跨区域金融服务，使区域内的客户在经济活动中的需求获得更有效的满足；涉及区域内大型项目的资金支持时，多个金融机构可以通过银团贷款的方式予以合作；在对区域内企业进行重组过程中，可以引入多个机构投资者。

三、金融公共设施建设的合作

中国与欧亚地区金融合作不仅为成员国构筑了一个促进相互贸易和投资的地区一体化框架，而且还为进行专业化分工和组织大规模生产提供便利。这使成员国各自的技术优势得以充分发挥，成员国间传统的生

产联系不断得以恢复和加强，高新技术领域的合作不断取得新进展，这也必然要求金融公共设施的建设和金融合作协调机制的建立。欧亚区域金融合作的顺利实施离不开区域金融公共设施建设，这些公共基础设施为区域金融合作中出现的信息流、资金流、人才流提供畅通的渠道，包括区域信息共享系统、区域支付结算平台、区域票据交换中心、区域外汇交易市场、区域信用卡管理中心等，目的在于降低交易成本，提升区域金融业整体水平。

第四节　构想内容

鉴于欧亚各国的经济金融发展水平和对外开放程度具有较大差异性，决定了欧亚区域经济金融合作只能是分层次、有步骤地逐步推进，不可能一步到位。但是合作必须要在“平等、互惠、自愿、双赢”的原则下，让各成员国从双边、三边合作入手，渐进式的整合区域比较优势，进而发展到多边及更广泛的合作，促进金融合作。因此，中国与欧亚地区金融合作应当在符合法律法规、监管要求等管理制度前提下，在战略规划、风险管理、科技开发、运营管理、公司零售、小微金融、金融市场等领域上开展业务合作。简单来说，中国与欧亚金融合作的构建内容主要有：渐进式整合比较优势，发展多边合作，促进金融合作。具体来看，应包含以下方面：

一、战略管理

中国与欧亚地区金融合作在战略研究领域坚持可持续性的发展原则，从重点关注的中小金融机构及小微金融发展战略等具体课题研究入手，联合研究、共同发布小微企业主信心指数，不断扩大在金融机构的战略管理、组织体系、管理模式、管理方法、技术工具等方面的全面交流与深度合作，建立科学高效的战略执行体系。

二、风险管理

中国与欧亚地区金融合作在风险管理领域建立灵活有效的风险协调和分担机制：搭建联盟成员间风险管理的交流磋商、技术共享和业务协作平台；提升联盟成员共同抵抗风险和危机处理的能力；通过建立快速融资、风险转移和资本支持工具实现短期、中期、长期的风险应急管理联动机制，以支持联盟成员快速应对流动性危机、保持稳健发展。在条件具备时建立风险合作基金和资产管理公司，以市场化运作方式加快不良资产处置，实现资产结构优化，提高资本充足率。

三、科技开发

中国与欧亚地区金融合作在科技开发领域发挥联盟集团优势，建立集中招标采购机制，加强 IT 产品采购项目合作，共同谈判适用联盟成员的最优采购价格；联盟成员在建设异地灾备中心方面开展合作，以租赁、托管或交换机房空间等方式创造闲置机房空间生产力；联盟成员以项目方式共同进行 IT 系统开发合作；联盟成员可以免费提供核心银行系统，供其他联盟成员使用；联盟成员间建立统一的支付平台，实施互联互通工程，并首先开通柜面通业务；联盟成员间建立统一网上支付第三方支付工具接入点，共同降低接入费用，扩大联盟影响力。

四、运营管理

中国与欧亚地区金融合作在资源共享、服务互补、管理互助的前提下，遵循重要性、可行性、简便性原则，在运营要素集中采购、运营风险信息、运营风险预警和案例分析等方面实现资源共享；建立"柜面通"系统平台，实现联盟成员间个人账户通存通兑、公共事业代收代缴费、对公账户通存以及信用卡还款业务的互联互通；加强运营管理方面的合作交流，提供运营流程再造、运营风险管理以及运营培训等方面的咨询服务。

五、公司零售

中国与欧亚地区金融合作应当建立有效沟通渠道和业务交流平台，在条件具备时开展公司零售业务，重点在财务顾问、并购贷款、私募融资、资产证券化、企业年金与托管业务、财富管理、信用卡、私人银行等领域加强合作。

六、小微金融

中国与欧亚地区金融合作需要共享小微企业服务的主管机构及协会等政府资源，合作提升小微企业金融服务水平，为小微企业客户提供一揽子的金融服务方案，积极支持小微企业发展。小微金融主要是指专门向小型和微型企业及中低收入阶层提供小额度的可持续的金融产品和服务的活动。值得强调的是，这类为特定目标客户提供特殊金融产品和服务的项目或机构，他们追求自身财务自立和持续性目标。也就是说，小微金融机构自身应是有商业可持续性的，只有这样，它才会成为整个大金融体系中不可或缺、越来越有生命力的一个部分。

七、金融市场

中国与欧亚地区金融合作在银行间市场债券承销、债券交易、资金融通等业务方面开展互惠合作；加强理财资产管理、投资运用合作，优先加强投资标的为债券和货币市场类资产的理财产品投资合作；在一定条件下为其他联盟成员提供资本支持便利，在特定情形下相互给予授信额度及紧急资金支持，并根据业务合作需要，秉承互惠平等原则，支持成员单位村镇银行的业务发展。共同致力于探索与创新金融市场业务。

八、相关产业

当然，渐进式整合区域比较优势，发展多边合作，促进金融合作的同时应加大其他产业或经济带的建设。具体内容包括：

第一，加大主导产业建设——高新技术产业。

加大主导产业高新技术产业的建设，力争在5至10年内，把欧亚区域建设成以技术和资本为纽带，建立以中国和俄罗斯为核心的扇形辐射的高新技术网络，构建高新技术产业群和产业带；推进高新技术企业战略性结构重组，组成高新技术企业的联合舰队。在高科技领域，由于成员国间商品贸易结构中的原材料化特征一直没有实质性改观，成员国在高新技术产品方面仍有很大的发展空间。国际金融危机使依赖于世界市场的原料经济深受其害。

危机使共同体国家面临加速经济现代化的任务，不仅在各成员国制定的反危机措施中都将实现经济现代化置于首位，而且成员国于2009年5月通过了《成立欧亚经济共同体高科技中心的构想》，并决定从共同体反危机基金中拨出一定的资金用于该构想的实施。俄、白、哈三国间经济一体化的加深将为该构想的实施提供更加有利的条件。从成员国的科技潜力看，未来成员国将在机器制造、IT、军工和宇航等产业的合作中有所建树。

第二，加大工业产业建设——现代制造业和能源行业。

应加大工业产业现代制造业的建设，应大力发展临海工业、临江工业和山区工业发达产业带，构建世界级制造业体系及产业链和基地群。在发达地区，建设国际性集群式的制造业基地，培育一批核心竞争能力强的区域企业集团；在首都城市和其他区域中心城市，建设区域性扇形辐射工业制造、服务和控制中心。从总体上说，欧亚经济共同体拥有各种能源，数量也很充足，不足之处是能源分布不均且没有得到充分合理的利用。因此，能源合作的主要目的就是建立区域能源共同市场，让成员国共享能源合作的成果。

第三，加大农业产业建设——现代农业和海洋江河产业。

当前欧亚地区各国的紧迫任务是促进经济社会可持续发展，努力提高经济发展水平和人民生活水平，金融应从本地区经济社会发展的重点领域和薄弱环节入手。要积极支持能源、交通、通信等基础设施、基础产业，这些领域是发展中国家经济社会发展的动力。欧亚地区不少国家农业在国民经济中占有举足轻重的地位，发展潜力巨大。

金融要支持农业，提高生产技术水平和现代化水平，使之成为出口导向型的支柱产业。因此，应加大现代农业和海洋江河产业建设，同时，加快区域各国经济结构的战略性调整，根据各国的自然条件，建设能发挥各国资源和特色优势的农业生产基地。同时，把海洋与江河资源产业作为支柱产业，把海洋与江河资源优势转化为经济优势。

第四，加大消费文化产业建设——旅游业、文化业和现代服务业。

应加大旅游业、文化业和现代服务业的建设，制定旅游规划，整合旅游资源，从纵横两方面重点规划精品旅游项目和特色旅游线路。进一步扩大人文合作，全面启动教育文化、紧急救灾、医疗卫生、人员培训合作，促进各国文化交流。

第五，加大“丝绸之路经济带”建设。

2013 年 9 月，中国国家主席习近平在中亚国家进行友好访问期间提出共同建设“丝绸之路经济带”。相对于古代丝绸之路而言，丝绸之路经济带是完全不同的另一种概念，绝不是简单意义上的复制或复兴。为促动丝绸之路经济带的快速发展，中国已贯通了东起连云港、途经中亚国家，西至荷兰鹿特丹的一条铁路线，而今再推丝绸之路经济带，实则有着特别重要的战略意义：第一，藉由丝绸之路经济带的建设实施为中国与邻近国家及地区营造较好的交互政治、国防、民族环境；第二，国家与地区之间的基础设施，尤其是交通基础设施将得到最大程度上的互通互联，对于任一国家或者地区而言，此举都是区域化合作的重要前提；第三，中国国内的产业格局或将伴随丝绸之路经济带的建设经历重大调整，各种过剩产能得以消化，拉动东西部之间经济互利共赢。

从全球战略竞争与合作的角度来看，丝绸之路经济带的建设正处在一个绝佳的历史机遇期。一方面，东西方之间的经济文化交流存在着极大的战略需求，全球金融危机过后，如何突破经济停滞的不利局面，尽快培养新的增长极，成为世界各国的共同诉求。相对于南北联通，东西向的合作共赢显然具有更大的经济战略意义，因此其向心力也足够强劲，各国之间从简单的对话协调上升至有着实质作用的合作外交，利益分歧远低于利益诉求，此时推动建设丝绸之路可谓水到渠成。另一方面，中国的综合国力上升以及天然的地缘位置优势，使其成为丝绸之路经济带最大推动力来源。习近平总书记适时提出的战略构想完全适应现时全球经济发展趋势，把握住这一绝佳的历史机遇，通过丝绸之路经济带的规划构建，不仅能够使得中国国民经济得到一次质上的提升，并且对于全球经济金融整合、合理调配全球经济资源贡献良多。

从丝绸之路经济带的提出、辐射范围、建设时机来临、欧亚丝绸之路、建设前景展望等五个方面对其进行剖析，结论为丝绸之路经济带构想适时、恰当、具有极大的包容性，与他国战略建议无任何冲突或不良影响，但在未来的铺建过程中，必须把握好战略关键点，因此需对建设当中可能存在的问题特别关注并积极应对。

第五节　本章小结

自欧亚经济共同体成立以来，其金融经济政策委员会在协调各国间金融和银行体系、推动资本自由流动以及建立多边结算体系方面做了大量工作，在国际金融危机中成员国的合作又进一步加深（2009 年 6 月通过了克服国际金融危机后果共同措施计划并建立了共同体反危机基金）。随着俄、白、哈关税同盟的建立，成员国于 2008 年 12 月签署的《关于调节和监管欧亚经济共同体资本流动协定》和《欧亚经济共同体成员国货币政策基本原则协定》将逐步得以落实，成员国在金融监管、金融市场准入以及货币一体化等领域的合作水平将得到提升，但在金融领域的中国与欧亚经济体合作仍处于低级阶段。

在后国际金融危机时期，世界经济格局深刻调整，区域相互依存日益加深，新兴经济体地位整体上升大背景下，着重探讨在世界经济格局加速变革、区域一体化深入发展、地区经济加快转型的形势下，如何进一步扩大中国与欧亚经济体合作发展，创新合作载体，拓展合作领域，完善合作机制，最大限度共享发展机遇意义非凡。为了使中国与欧亚国家之间长久稳定的金融合作机制不落空，今后要进一步研究我国如何深化与欧亚国家的金融合作，采取必要的措施加强后金融危机时期我国与

欧亚各国的金融合作。本章着重分析了中国与欧亚地区金融合作的未来构想，从目标、原则、途径、内容与措施五个角度分别阐述如何具体落实中国与欧亚地区金融合作。

本章提出中国与欧亚地区金融合作的未来构想目标为：开展交流对话，增进相互信任；确定优先领域，开展务实合作；坚持对外开放，拓宽合作领域；注重合作实效，实现持续发展。

本章提出中国与欧亚地区金融合作的未来构想原则为：互利共赢、共同发展，构建多层次多功能的合作机构。具体操作原则：第一，以融资推动规划先行，结合国情开展区域、社会、产业和市场等方面的科学发展规划，加强金融在规划领域的合作。今后会着眼于欧亚地区企业的实际需求，打造多渠道融资平台。第二，加强银联体成员行之间的沟通与协调，尽快成立常设协调小组，建设银联体信息平台及网站，同时吸收更多上合组织框架内的金融机构参与合作，促进银联体运作的规范化、制度化。第三，由政府与金融机构共同推进，建立多边或双边的联合信用与风险担保机制，促进合作方参与融资和分担风险，创造政府财政资金与银行信贷资金良性互动的运作模式。第四，从基础设施、基础产业、农业、中小企业等经济社会发展的领域入手，通过货币互换、多边授信、银团贷款等多种方式开展金融合作，不断拓展合作领域，创新合作方式。第五，增加欧亚地区金融机构间的高层互访，开展多层次、多形式的交流。

本章提出中国与欧亚地区金融合作的未来构想途径为：拓展金融媒介宽度，发挥市场调节作用。主要包括：金融市场方面的合作；金融机构之间的合作；金融公共设施建设的合作；区域金融稳定体系的合作。

本章提出中国与欧亚地区金融合作的未来构想内容为：在“平等、互惠、自愿、双赢”的原则下，让各成员国从双边、三边合作入手，渐进式的整合区域比较优势，进而发展到多边及更广泛的合作，促进金融合作。因此，中国与欧亚地区金融合作应当在符合法律法规、监管要求等管理制度前提下，在战略规划、风险管理、科技开发、运营管理、公司零售、小微金融、金融市场等领域上开展业务合作。

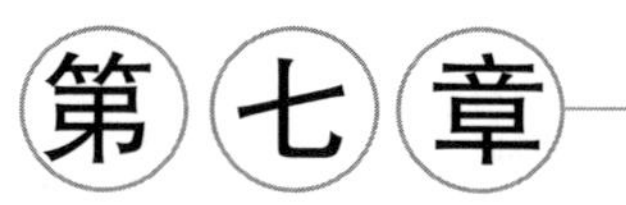

第七章 中国与欧亚金融合作的政策建议

欧亚金融定位为次区域金融，其范畴主要包括与本区域经济发展相关的金融体系、金融市场、金融机构、金融产品和金融立法。欧亚金融需要相关国家共同通过“欧亚金融法”和共同制订一个“欧亚金融发展与合作计划”，确立实施方案与时间表。欧亚金融合作的概念应该是基于金融全球化、金融自由化与区域集团化趋势中，让欧亚金融客观地成为当今与未来区域金融发展的重要组成部分。

欧亚金融合作是上海合作组织经济功能的核心支柱，我国与欧亚国家加快金融合作始于2005年10月上合组织银行联合体（银联体）的成立。自此之后，上合组织各成员国积极协作，为一些重要项目提供融资支持，使银联体成为推动区域合作的重要融资平台。与此同时，上合组织成员国所在地区是丝绸之路经济带的核心地区，也是丝绸之路重要的交通枢纽。目前，中国在“一带一路”战略与上合组织合作的重要举措如表7－1所示，“丝绸之路经济带建设”完全可以与欧亚经济金融一体化进程有效对接，在制度方面做好充分准备，同时为双边乃至多边的合作增添新动力。

表7－1　中国在“一带一路”战略与上合组织合作的重要举措

举措	名称	主要用途	成立时间
“一带一路”	亚洲基础设施投资银行	基础设施	2014.1
	丝路基金	基础设施	2014.11
		资源能源	
		产业合作	

续表

举措	名称	主要用途	成立时间
上合组织	上合组织银行联合体		2005.11
	上合组织专门账户	基础设施	筹建中
	上合组织开发银行	资源能源	筹建中
	中国与欧亚经济合作基金	重大项目	2013.11
	中国—中亚专项信贷		2004
			2009
			2012

资料来源：邹磊．中国一带一路战略的政治经济学［M］．上海：上海人民出版社，2015.

2013 年 9 月，习近平主席在访问哈萨克斯坦期间，提出丝绸之路经济带建设的倡议，得到联盟各成员国的积极响应。2015 年 5 月上旬，习近平主席访俄期间，中俄共同签署《中俄丝绸之路经济带和欧亚经济联盟建设对接合作的联合声明》，双方支持对方的发展战略，并表示在上海合作组织等多、双边框架内，争取实现中国丝绸之路经济带和俄罗斯欧亚经济联盟两大发展战略的对接。这不仅会使中俄战略协作关系更上一层楼，而且更会改变亚欧大陆地缘政治格局，对中国与欧亚金融合作也将产生深远影响。将中俄两国的发展战略进行对接，可将丝绸之路经济带和欧亚经济联盟建设同步推进，将在欧亚大陆的“核心地带”形成地缘政治稳定、经济合作圈重合互补、文明有序对话融合的良性循环，不仅会给中俄更多战略空间，还将创造欧亚大陆接合部不同经济发展水平国家经济一体化发展的新合作模式。而且，这一合作模式完全是和平的，不针对任何其他国家。同时，俄罗斯总统普京声明称，欧亚经济联盟及跨欧亚经贸基础设施项目“丝绸之路经济带建设”框架内的合作，可在将来促进整个大陆共同经济空间的形成。

2015 年 3 月 26 日，商务部部长高虎城表示，顺应区域经济一体化发展进程，欧亚经济联盟是一个正在形成的统一大市场。中国与联盟各成员国政治上互信，经济上合作紧密，是联盟主要的经贸合作伙伴。2014

年双方贸易额超过1200亿美元，中国已成为联盟第二大贸易伙伴。中国是第一个与欧亚经济联盟建立合作关系的主要经济体，“丝绸之路经济带建设”对贸易投资便利化、推动区域经济合作提速增效具有重要意义，符合多方的利益。进一步加强在欧亚经济一体化与“丝绸之路经济带建设”框架下的交流合作，发掘更多合作机会，共同提升在区域经济合作和多边贸易体制内的影响是当前的主要任务。而未来在丝绸之路经济带与欧亚经济联盟对接中，金融领域将发挥更大的助推器作用。

第一节　中国与欧亚金融合作发展的政策建议

国际金融危机爆发以来，中国与欧亚领导人签署了一系列重要的贸易、投资合约以谋求抗风险、共发展。中国正在推进跨越式发展，而金融作为中国与欧亚经济合作的重要内容和支撑，为中国—欧亚区域金融合作提供前所未有的发展机遇。为了使欧亚国家之间长久稳定的金融合作机制不落空，不少专家学者（易诚，2014）研究表示，今后要进一步研究我国如何深化与欧亚国家的金融合作，并对中国与欧亚区域金融合作发展提出如下政策建议。

一、积极回应外方需求，扩大人民币跨境使用

加强货币流通、扩大人民币的跨境使用，根据市场驱动的原则为境外人民币结算、清算和回流机制提供便利，推动人民币走出去。主要表现为：继续扩大我国与周边国家的双边本币互换规模和范围；落实好现有本币结算协议并商签更多的本币结算协议；统筹考虑为有需要的国家建立人民币清算行安排，同时加快建设人民币跨境支付系统（CIPS）；促进人民币离岸市场发展，并为有需要的周边国家相关机构进入中国银行间债券市场提供便利；通过完善相关配套措施鼓励以人民币出资来扩容现有基金规模或新设合作基金，促进人民币境外投资的发展，便利人民币“走出去”；鼓励境内外机构和个人使用人民币进行跨境直接投融资，鼓励境内外银行为跨境项目提供人民币贷款；进一步加强金融基础设施

建设，充分利用上海自贸区、沿边金融综合改革试验区等推动跨境人民币业务创新。

二、完善区域金融安全网，发展区域金融市场

通过我国参与的各区域合作机制，不断完善区域金融安全网，进一步发展区域金融市场。在东亚及太平洋地区中央银行行长会议组织（EMEAP）的机制下，加强货币与金融稳定委员会的功能，加强宏观经济监测，完善区域危机管理框架，同时加强亚洲债券基金建设，引导亚洲债券市场的开放和发展。"10＋3"（东盟与中日韩）机制下继续完善和细化储备库的操作程序，探讨部分以本币出资的可能性。此外，在东南亚国家中央银行总裁联合会（SEACEN）、中亚、黑海及巴尔干地区央行行长会议、中日韩央行行长会议等机制下与各方加强政策协调和沟通，共同维护区域金融市场稳定。

进一步深化与沿线国家的区域监管合作：

首先，完善"一带一路"区域监管协调机制，进一步加强与沿线国家各监管当局间的沟通协调，扩大信息共享范围，提升在重大问题上的政策协调和监管一致性，逐步在区域内建立高效监管协调机制。

其次，构建"一带一路"区域性金融风险预警系统，实现对区域内各类金融风险的有效分析、监测和预警，及时发现风险隐患，确保区域金融安全稳健运行。

最后，形成应对跨境风险和危机处置的交流合作机制，完善风险应对和危机处置制度安排，协调各方的处置行动，共同维护区域金融稳定。

三、推动金融机构走出去，为双边金融合作提供支持

金融机构在推动双边经贸和金融合作方面发挥着重要作用，目前，我国与沿线国家在金融机构互设方面尚有很大空间。未来可考虑积极推动我国金融机构走出去，扩大我国金融机构在境外设立分支机构，为促进双边合作提供有力的金融支持。

首先，鼓励中资金融机构"走出去"，欢迎外资金融机构来华设立机

构。择优支持境外业务多、有境外业务风险管理需求的银行机构在沿线国家设立分支机构，督促其加强对境外业务的管理。鼓励境内金融机构在“走出去”过程中，加强对沿线国家的分析研究，增强对相关国家经济金融情况、投融资政策等方面的了解，提高我国对外金融合作的针对性和有效性。欢迎沿线国家金融机构在符合条件的情况下来华设立机构，开展业务。在满足法规规定和审慎性要求的前提下，对其申请予以考虑。

其次，鼓励中资银行和外资银行在支持“一带一路”建设方面的金融合作。鼓励中资银行机构结合“走出去”和外贸产业发展的特点开展机制创新和产品创新，加强与沿线国家金融机构的联系沟通，开展跨地区股权合作、银团贷款、融资代理业务等金融合作，构建优势互补机制，提高与沿线国家金融一体化程度。同时，进一步扩大金融合作覆盖面，着力提升在能源、基础设施、农业、中小企业、消费、民生等领域的金融服务水平，使我国及沿线国家的金融消费者都能切实享受到地区合作发展的成果。

最后，继续充分发挥国家开发银行、进出口银行在“一带一路”建设中的重要作用。积极推动与沿线国家的“五通建设”，充分发挥信息收集、规划咨询平台和中长期投融资平台作用。支持我国企业、产品、技术和标准“走出去”。支持与沿线国家基础设施建设合作和资源能源开发合作，支持我国高新技术产品、大型成套设备和机电产品出口。

四、加快推进亚洲基础设施投资银行筹建

亚洲基础设施投资银行将是由我国主导的、政府间性质的亚洲区域多边开发机构，按照多边开发银行的模式和原则运作。预计初期成员国范围将以东盟国家为主，将来可发展成为覆盖全亚洲地区的区域多边开发银行。其宗旨是有效动员域内储蓄和资本市场资金，支持域内交通、能源、通讯等领域的基础设施建设，推动亚洲互联互通、地区经济金融合作与一体化进程，提高本地区经济整体活力和竞争力。亚投行正式运作后，我国可通过该多边机制支持有关中国至东南亚、南亚以及中亚（待中亚有关国家成为亚投行成员后）的亚洲互联互通项目，更好地服务

于"一带一路"建设。

五、发挥上合融资机制作用

成立上合组织开发银行是我国时任国家领导人在上合组织框架下提出的重要倡议，对于拓展区域互联互通建设和全面发展融资渠道，促进上合组织成员国经济社会发展，进一步深化我国与成员国尤其是中亚成员国之间的金融合作有重要意义。我国应充分考虑、兼顾相关国家态度和立场，顺势而为，制定灵活的方案，推动尽快建立上合组织开发银行。国开行董事长胡怀邦曾指出，丝绸之路经济带建设是顺应时代潮流的战略构想，为上合地区发展提供了历史机遇，也为银联体深化合作提供了广阔舞台。推进丝绸之路经济带建设，需要银联体各成员行之间加强金融合作，不断加大投融资支持力度，银联体要以丝绸之路经济带建设为契机，发挥优势、积极作为。胡怀邦具体提出四点建议：契合各方利益诉求，推动规划先行；充实银联体项目库，促进规划落地；加大重点项目金融支持，提供持续动力；加强人员交流和经验分享，增进沟通了解。

积极开展欧亚金融机构之间的全方位合作，提升区域金融合作水平和整体实力。我国与欧亚各国之间的经济合作潜力大、范围广、前景好，企业之间互相投资意愿强，这些都需要金融提供及时、有力和高效的支持。欧亚各国今后需要进一步改善金融政策，吸引鼓励其他国家各金融机构设立分支机构，增进金融市场活力。同时，各国金融机构可以在金融理念、服务产品、服务对象上开展全方位合作，不断创新融资模式，提升服务水平，多渠道、多层次地满足双方企业的融资需求，促进欧亚国家之间的经济金融合作与发展。

六、加强跨境征信合作

加强跨境征信的合作主要表现为：

一是加强征信管理部门之间的交流和合作。加强与"一带一路"国家和地区征信管理部门在培育征信市场发展、征信机构监管、建立信用评级体系和标准、防范信用风险、保护信息主体合法权益等方面的沟通，

及时交流各国的征信立法情况，增进相互之间的理解和认识。

二是加强征信机构、评级机构之间的交流与合作。鼓励国内规模较大的征信机构、评级机构在产品设计和开发、信用服务方式、信息安全保障、拓展信用服务领域等方面与“一带一路”国家和地区同类机构之间的沟通与交流。

三是加强对信息跨境流动的研究。与“一带一路”国家和地区就信用信息共享的范围、共享的方式、共享的内容以及在共享中如何保护好信息主体的权益等问题进行积极探索，为以后在信用服务领域的交流与合作做好基础工作。

七、探索金融有效支持实体经济发展的合作模式

欧亚各国在后金融危机时期，都需实现产业转型升级，减少对能源、资源的依赖，现在已逐渐成为很多欧亚国家的共识。在当前的国际经济发展中，新能源、电子信息等新兴产业正在蓬勃发展，必将对全球政治经济格局带来深远影响，也必将对现代金融提出新的更高的要求，这就需要欧亚各国对金融更好地服务实体经济发展进行共同的探索和实践。

此外，着力改善经济金融运行环境，为企业发展提供便利条件和有利环境。这方面要做的工作很多，其中很重要的一项就是要深化本币合作，努力实现各国在经常项目和资本项目的本币兑换和结算，以增强抵御金融风险的能力，促进贸易和投资便利化。

第二节　推进西安在中国与欧亚金融合作中的作用

一、打造中国与欧亚金融商务区

在陕西省西安市筹建欧亚经济综合园区、领事馆区和金融商务区，三区齐头并进，打造西安内陆型改革开放新高地，明确西安这座古城作为古丝绸之路起点，在“一带一路”中新的定位和角色。西安必须在丝绸之路经济带建设这一国家战略格局中，将担当起更为重要的角色和使

命，发挥出更为有力的支撑带动作用，推进西安在中国与欧亚金融合作中的重要作用。目前，欧亚经济综合园区位于西安浐灞生态区，是欧亚经济论坛永久会址，在促进欧亚各国合作交流方面，有着得天独厚的优势和基因。除主打欧亚经济论坛这张牌，西安也正在谋划领事馆区和金融商务区，希望能吸引上合组织成员国、丝路沿线国家等在此设立领事馆，后者有望成为西部区域金融中心。欧亚经济论坛综合园区被称作是落实丝绸之路经济带的具体举措，而西安方面开始结合自身独特优势，更加务实地推动丝绸之路经济带建设。

二、成立丝路黄金基金

2015 年 5 月 22 日，"一带一路黄金发展推进会暨丝路黄金基金启动仪式"在西安举行。作为古丝绸之路的起点，西安再一次站在"丝绸之路经济带建设"的新起点上，标志着西安延续丝路历史，传承丝路精神，弘扬丝路文化，立足地理区位、交通、旅游、文化和科教等优势，高标准打造丝绸之路经济带的新起点的战略规划从金融发展正式启动。丝绸之路黄金基金的成立意义十分重大，未来可以通过设立子产业基金等多种形式进一步整合丝绸之路沿线的黄金产业链，助力我国对沿线区域国家黄金勘探领域进行技术输出和品牌输出，提高中国金的品牌影响力，提升人民币的黄金定价权，进而推动人民币国际化的进程，具有极其重要的战略意义。

三、设立上合组织开发银行

丝绸之路沿线国家由于深厚的历史渊源、密切的文化交流、广泛的经济联系及互补性的资源结构，亟待通过金融合作为各国架起更为顺畅的互联互通桥梁。而我国发挥重要作用的上海合作组织，尚未设立能有效支撑丝绸之路经济带"五通"的跨国金融机构，对各国的金融资源进行调动和聚集。设立上合组织开发银行是助推"丝绸之路经济带建设"沿线国家实现"政策沟通、道路联通、贸易畅通、货币流通、民心相通"的必要手段。国家开发银行陕西分行行长黄俊介绍，"西安是设立上合组

织开发银行的最佳落户城市”。西安为金融发展提供了良好的物质和人才基础，目前西安各项金融业务量在中西部城市名列前茅，金融基础设施逐步完善，以西安金融商务区为载体的区域性乃至全国性金融后台服务中心初现雏形，同时，凭借金融业务运营成本和人力资源方面的优势，西安已成为全球各类金融机构进入中国中西部地区、开拓新兴市场的首选城市。

因此，在中国与欧亚金融合作中，西安可以进一步发挥区位优势，同欧亚各国加强金融合作，共享机遇、共谋发展，为推动中国与欧亚金融合作的和谐发展作出积极的贡献。

第三节　本章小结

基于前面章节的研究结论，特别是第六章关于中国与欧亚金融合作发展的未来构想，本章首先从实现“丝绸之路经济带建设”可以与欧亚经济金融一体化进程有效对接的角度，提出实现中国与欧亚区域金融合作的七个主要路径：建立欧亚金融合作平台；建立金融技术型平台；出台欧亚金融法；设立欧亚合作发展基金；成立次区域级的商业银行——欧亚开发银行；建立以人民币为核心的目标汇率区；推进西安在中国与欧亚金融合作中的作用。其次，根据部分专家学者的研究，提出中国与欧亚区域金融合作发展的一系列政策建议，主要从扩大人民币跨境使用、发展区域金融市场、推动金融机构走出去以及发挥上合融资机制作用等方面展开。

第八章 “一带一路”战略与人民币国际化

第一节 “一带一路”战略实施中人民币国际化的推进逻辑

习近平主席分别于2013年9月和10月提出建设“新丝绸之路经济带”和“21世纪海上丝绸之路”的战略构想，构筑我国新一轮对外开放的“一体两翼”：在提升向东开放水平的同时加快向西开放步伐。“一带一路”战略提出后，立即引起社会各界的广泛关注，针对“一带一路”战略的实施，学术界正在开展热烈讨论，涌现了一批研究成果。学者们首先讨论的是战略提出的背景和意义。张春贤（2014）认为，丝绸之路战略构想既传承了以团结互信、平等互利、包容互鉴、合作共赢为核心的古丝绸之路精神，也顺应了求和平、谋发展、促合作、图共赢的时代潮流。土耳其学者米什科维奇（2015）认为，“一带一路”战略构想最终是要建立一个有着共同价值观及责任感、拥护自由贸易、经济增长一体化、文化繁荣的共同体，这将为世界带来彻底的变革。

关于有利条件和制约因素，有学者认为，中亚地区大国博弈剧烈，没有一个只限于中亚五国共同参与的内部合作平台，沿线地域环境限制条件较多，特别是水资源紧缺，城镇发展为散点型、串珠型（贾百俊等，2012）。融资成为重大瓶颈，作为地区唯一的亚洲开发银行的资本和融资额度极为有限（刘军红，2014）。金融投资等合作受制于复杂的地区局势影响，缺少贸易便利化政策措施，缺少中转贸易，货物的运输是以货物在不同的路段上的各个中介之间倒手的形式完成的。由东向西方向运输的货运量充足，但由西向东方向运输的货运量很少，往往火车空载而回（邵辉等，2014）。

在如何推进"一带一路"战略的研究方面，很多学者分别提出了不同视角的政策建议。惠宁等（2014）提出，在交通物流方面，加大中国对中亚国家的战略性交通援助、资金支持和技术输出，鼓励中国企业承揽境外交通基础设施项目。邵辉等（2014）提出，对于境外铁路干线的建设，可以适当地帮助其建设相关的铁路基础设施，采用特殊政策吸引国内外开发主体联合投资和合作经营，同时利用 BOT 等形式吸引外资或东部发达地区的民间资本。李文增等（2014）提出设立亚洲基础设施投资银行。

一、货币国际化的理论基础

货币国际化是国际金融领域内出现频率非常高的一个词汇，通常是指某国货币能够跨越国界，成为在国际上得到普遍认可的计价、结算及储备货币的过程。因此，一国货币的国际化过程实际上也是其由国内（或地区）货币变为国际货币的过程。那么，一国货币如何才能成为国际货币呢？一种货币为什么要冲出国门，走向国际，并最终成为国际货币？这是货币国际化的理论基础，也是人民币国际化内在逻辑中需要首先解决的本质问题。以下从最优货币区理论、金融自由化理论以及货币竞争理论视角分别进行分析。

1. 最优货币区理论

最优货币区理论由 Mundell 于 1961 年最早提出来，产生背景是布雷顿森林体系面临崩溃。主要思路围绕固定汇率制度和浮动汇率制度对于一国经济发展和国际收支平衡的作用而展开。该理论在当时实际上提供了布雷顿森林体系之外的另一种汇率体系选择，即将美元黄金双挂钩制度排除在外的平行货币联盟。

2. 金融自由化理论

20 世纪 60 年代，发展中国家的金融市场由于发展幼稚、脆弱，很容

易导致失败。为此，McKinnon 和 Shaw（1973）第一次开出药方，认为发展中国家金融市场上过多的政府干预已使市场处于一种“受抑制”的状态，他们将此称之为“金融抑制（Financial Repression）”。为解除金融抑制，必须进行金融自由化改革，将市场从政府管制的束缚中解脱出来，实行自由化，达到“市场出清”的水平。

3. 国际货币竞争理论

在国际货币体系发展过程中，任何一种主权货币若要成长为国际货币并在国际范围内充当计价货币、媒介货币甚至是储藏货币，都不可避免地会与他国货币产生竞争。人民币国际化的进程就是人民币参与国际货币竞争的过程。国际货币竞争理论研究的主要内容包括货币竞争、货币替代、货币合作。一国货币的国际化进程实际上也是其与国际在位货币的竞争和博弈过程。如果能够竞争成功，则货币的国际化进程就能够向前推进，否则，就有可能弄巧成拙，反而被其他货币替代，给经济金融发展带来灾难。

二、货币国际化实践的启示

英镑伴随着金本位制的实施和其海外殖民地的扩张成为国际货币。英国在 1816 年以法律形式承认英镑发行，1821 年确定每一英镑兑换 7.32238 克黄金。由于英国不断扩张海外殖民地，英镑便开始在海外殖民地及全球范围内大量流通，并逐步成为与黄金并驾齐驱的国际货币。但是，好景不长，随着其他西方国家工业革命的完成，综合国力显著提升，以美国、德国为首的西方国家与英国的经济实力差距迅速缩小，对英镑的国际地位产生了威胁。1929 年至 1933 年，金融危机的爆发促使各国纷纷向英国兑换黄金，使国际收支本已陷入困境的英国不得不于 1931 年放弃实行金本位制。自此，英镑作为主要国际货币的历史结束，金本位制度也彻底瓦解。

美元成为国际货币的历史源于布雷顿森林体系的“双挂钩”安排。伴随着工业革命和第二次科技革命的完成，美国实现了经济上的飞跃，并最终于 1913 年左右取代英国，成为世界工业强国，美元在国际上的地位也转而上升。尽管布雷顿森林体系崩溃后，美元在国际经济舞台上的霸权地位反而越来越高，引起了国际社会的普遍诟病，学术界也纷纷提出了不同的改革现有国际货币体系的新设想，欧元、日元等货币在国际经济与贸易中也占有一定席位，但是，直至今日，美元的国际霸权地位仍然难以撼动。从这一角度看，可以说美元的国际化是现代经济条件下最为成功的范例。

德国马克的国际化源于1948年币制改革面临的恶性通货膨胀煎熬。《通货法》规定，从6月20日起发行新货币，名称为"德意志马克"。区域合作和货币联动机制为马克的国际化提供了条件，自此，德国马克的国际化步伐开始加快。德国马克的国际化的重要特征是借助区域合作力量而展开，而能够有资格利用区域合作的力量，得益于德国维持多年的强大的经济实力以及德国马克稳定的购买力。

欧元是欧盟区域经济一体化的结果，也是最优货币区理论最直接的实践结果。虽然欧元自诞生至今不到13年时间，在诞生之初并不那么稳定，但经过欧洲央行为代表的欧洲经济金融管理部门的努力，欧元最终跨入国际货币的行列。但是，因2008年金融危机引发的"欧洲主权债务危机"对最优货币区理论提出了挑战：欧元区内国家的经济实力差距悬殊，却采用完全的固定汇率制度，这意味着一旦区内国家面临危机，其只能依靠财政政策对国内经济进行调整。统一的货币政策和独立的财政政策对欧元的稳定性提出了巨大挑战。现在，虽然欧洲经济逐渐开始复苏，但是这一问题却并未解决，因此，欧元能否成为稳定的国际货币，只能看其未来的发展。

从货币国际化的国际实践中可以看出，在主权货币国际化的竞技舞台上，从来都不乏跃跃欲试并且成功者，当然也有失败者或短命者。由于不同的货币国际化路径不尽相同，因此很难从中截取对人民币国际化直接有用的现成经验。尽管如此，我们还是能够从中总结出对人民币国际化有益的启示，如经济可持续发展是货币国际化的基础条件；国际贸易规模不断扩大是实现货币国际化的优势所在；国内金融市场发育良好是货币国际化的重要环境因素；控制好资本项目开放节奏是货币国际化

成功推进的关键内容；防范金融挑战的生成和传导是货币国际化成功与否的根本保障。

三、"一带一路"战略实施的资金需求

金融对实体经济的作用机制，表现为金融功能的发挥，这表现在：

1. 货币资本的需求

金融的对象就是货币，在"一带一路"建设中，当区域经济流动性缺乏时，货币需求增加会提高经济交易成本，因此货币经济化是促进经济发展的基础途径。金融资本是指除银行用于流通的货币以外的高流动性金融产品，如股票，债券等，能够为资本在国际市场上的快速流动提供可能性和保障，因此要鼓励国内资本对外投资，支持国外资本进入国内市场进行投资，对内外资企业提供同等待遇，深化市场经济体制改革，为正常的资本流动提供良好的投资环境和制度保障。

2. 金融机构的需求

金融机构通过直接融资或间接融资方式向经济社会提供金融服务，具备资金流动、聚集资源、管理风险、提供信息等多重功能。完善的金融机构服务会降低企业的交易成本和筹资成本，容易促进对外贸易产业形成规模经济，并且，在区域金融一体化的要求下，必须由金融机构提供更为便利，快捷的国际结算，也必须由金融机构提供更大规模的国际信贷和国际衍生产品，其中介作用是不可替代的。

3. 金融市场的需求

金融市场通过各种金融工具的交易，能够迅速有效地引导资金合理流动，提高资金配置效率，在实现企业快速融资和发展的同时，使得居民资产多样化，分散金融风险；同时金融市场是政策部门进行间接调控的重要依托，金融政策通过调控金融市场上的资本供求弥补市场失灵。

四、"一带一路"战略实施的货币合作

"一带一路"是合作发展的理念和倡议，是依靠中国与有关国家既有的双多边机制，借助既有的、行之有效的区域合作平台，旨在借用古代

“丝绸之路”的历史符号，高举和平发展的旗帜，主动地发展与沿线国家的经济合作伙伴关系，共同打造政治互信、经济融合、文化包容的利益共同体、命运共同体和责任共同体。“一带一路”倡议，对于世界最大的魅力，将不仅仅在于有多少投资和利润，更重要的是它能够给世界带来一股新的潮流，让平等合作、文化交流、经济繁荣而非军事霸权，成为未来世界秩序的另一条主轴。

“一带一路”是中国的倡议，但能不能在“一带一路”上形成合作模式，这还需要探讨。其中一个很重要的概念就是货币的合作。人民币国际化为“一带一路”的合作共赢创造了一个新的契机，它打造了一个金融服务网络，形成了一系列区域的金融合作机制，而这也必将把人民币国际化推向一个新的阶段。尤其是，“一带一路”基础设施的合作需要长期资本的服务，这也就意味着人民币在资本项下开始输出。

“一带一路”战略中货币合作的核心内容就是本币化与货币互换。在这个过程中，人民币作为本地区最坚挺的货币，预示着这个本币化的进程在很大程度上将是人民币国际化的进程。“一带一路”战略提出以来，中国与沿线国家货币互换、人民币跨境业务迅速增长。截至 2014 年底，中国人民银行已与 28 个国家和地区签署货币互换协议，其中“丝绸之路经济带”上的国家就占 10 个；全球 14 个清算行中，有 7 个在“一带一路”沿线国家和地区，均支持人民币成为区域计价、结算及投、融资货币。目前人民币使用国家已有 170 多个。这为“一带一路”的合作共赢创造了一个新的契机。它打造了一个金融服务网络，并且在这个网络上已经开始出现金融服务的机构——金砖银行和亚洲基础设施投资银行，形成了一系列区域的金融合作机制，而这也必将把人民币国际化推向一个新的阶段。尤其是，“一带一路”基础设施的合作非常重要，它需要长期资本的服务，也就意味着人民币在资本项下开始输出。有人预计，2015 年或 2016 年，人民币国际化在资本项下最核心的就是大项目的融资。在新的合作中，典型范例是和泰国合作，高铁换大米，人民币在其中作为计价工具来使用，泰国用大米支付，中国用高铁出口，从而实现了共赢互利包容。这是“一带一路”合作中最本质的区别于其他自贸区，

其他双边多边协定的一个新机制的创造。

近年来人民币离岸市场建设成效显著。以中国与哈萨克斯坦为例，中哈霍尔果斯国际边境合作中心开展跨境人民币业务以来，中国新疆人民币跨境业务增长迅猛。随着“一带一路”战略推进，庞大的贸易和基建投资还将推动人民币计价及支付走向沿线各国。“一带一路”沿线国家借贷人民币优势明显：利率低且稳定，储备充足不会出现流动性紧缩。一定要借此机会，打造让国外投资者成规模且大胆使用人民币的态势。

中国货币要参与区域金融，成为支付、媒介和投资工具，人民币国际化并不是要替代主流货币，而是补充。“‘一带一路’沿线许多国家都在开展新兴产业，需要货币量会越来越多，今后我国在调控人民币流通方向时要多考虑国外市场，预计未来几年人民币走出去的量会越来越大。”

五、“一带一路”战略实施中人民币国际化的作用机制

1. 货币资本的作用机制

丝路基金的设立意味着我国将利用资金实力直接支持“一带一路”建设，以建设融资平台为抓手、打破亚洲互联互通的瓶颈，为“一带一路”沿线国家基础设施、资源开发、产业合作和金融合作等与互联互通有关的项目提供投融资支持。丝路基金总规模为400亿美元，而这些资金能否真正有效作用于商品交易、国际支付结算和国际投资，都基于人民币的支付手段和世界货币的职能来实现，基于人民币国际化的顺利展开。

2. 金融机构的作用机制

亚洲基础设施投资银行弥补了其他多边金融机构的不足，能够解决沿线国家基础建设的巨额资金缺口，并保障利益相关国家在机构内的决策权，在这一机构中，中国将占有相对更多的比重。亚投行的法定资本为1000亿美元，中国从外汇储备出资50%，即500亿美元。注册资本金由成员分期缴纳，一期实缴资本金为初始认缴目标的10%，即50亿美元，其中中国出资25亿美元，其他创始成员共同筹集一期资本金的其余

25 亿美元，其中部分国家或由中国提供的贷款出资。但随着成员的增多，亚投行的中国占股将有所稀释。唯有人民币在更广泛的范围内被接受，实现顺利的跨境流动，才能够保证机构的稳定运行。未来即将成立的金砖国家开发银行和上海合作组织开发银行同样也都有赖于人民币国际化的推进，人民币在多方合作中得到认可。

3. 金融市场的作用机制

采用人民币结算和资本输出，能够将主动权留在自己手中，并有效避免由于美元汇率波动而带来的不必要损失，保证各国贸易往来的安全性和稳定性。中国与"一带一路"沿线各国的贸易依存度高，采用人民币结算必然会提高贸易的效率。这一过程就是人民币国际化在金融市场中发挥作用的表现。

综上，人民币国际化为"一带一路"建设注入新动力的同时，也为"一带一路"赋予了新支点和新机遇。在我国改革开放的新战略下，人民币国际化作为对外开放战略的重要组成部分，必将发挥越来越重要的作用。人民币国际化的推进路径应当改变过去的向东看，改为在向东看的同时，更应关注人民币国际化的向西推进。

六、必要性视角下的人民币国际化推进逻辑

第一，基于全球经济失衡局面和国际货币体系改革。作为 2008 年华尔街金融危机爆发的导火索——美国次贷危机而言，它给国际社会敲响了一个警钟：人类要想防范金融危机频繁爆发，就必须纠正已经失衡的全球经济格局。如何推进"全球经济再平衡"已经成为国际经济调整今后相当长时期内的一条主线，新的国际分工体系也必然会在"再平衡"原则基础上实现重塑。同时，现行国际货币体系存在的"国际储备货币发行规则缺失、国际收支协调机制失灵、统一稳定的货币标准缺乏"等内在缺陷放任并加剧了全球经济失衡，酿成经济失衡程度高、规模大、持续时间久、经济或金融危机频发等一系列恶果。在这种背景下，改革现行国际货币体系是矫正全球经济失衡，有效避免金融危机发生的重要途径。随着对国际货币体系改革方案的不断讨论，人民币国际化的呼声

已越来越高。在这种历史背景下，如果中国能够抓住机遇，及时推进人民币国际化，既可实现中国本国的利益诉求，又能为改革国际货币体系做出贡献。因此可以说，金融危机给了人民币国际化一个好机会，通过人民币国际化可以让现有国际货币体系逐步多元化进而增加全球经济与金融稳定性，成为纠正国际经济失衡的重要砝码。

第二，基于中国的国际经济地位。经过改革开放三十余年的发展，中国无论从经济实力还是贸易规模上都对世界产生着越来越大的影响：从整体经济实力看，我国不仅经济规模巨大，且增速长期位列世界之首；从中国的对外贸易规模来看，近十年以来增长速度惊人。目前，中国已成为全球第一大出口国和第二大进口国，但人民币在国际经济发展及贸易往来中的地位却与之严重不匹配，原因之一是人民币作为中国的主权货币仍然是中华人民共和国的国家货币。因此，随着我国经济和贸易的发展壮大，改变我国在国际上“位高而权不重”的局面成了必须，人民币国际化理所当然应当成为提升我国在国际舞台上话语权的一件利器，提高人民币的国际化程度实际上反映了我国经济高速发展的内在要求。

第三，基于中国经济结构调整。改革开放以来，中国经济遵循着现代化建设“三步走”战略，使人民生活总体上达到小康水平。但是，随着人民生活水平的提高，我国经济社会发展中存在的不平衡、不协调和不可持续性问题更加凸显。为此，中国调整经济结构的重要任务就是要转变经济增长方式，将由投资和净出口拉动的经济增长方式转变为消费拉动，通过经济结构调整提高居民可支配收入和消费水平，保持投资和净出口稳步增长。由于人民币国际化的一个必备条件是必须对外保持一定程度的逆差，因此，人民币国际化过程同时也是降低中国对外贸易依存度过高的过程，是中国转变经济增长方式的过程。

第四，基于中国金融市场深化。目前来看，中国的国内金融市场发育尚未完善，人民币离岸市场建设还不成熟。而国际经验表明，货币国际化的路径大都遵循将本国货币输出到国际市场，然后，通过构建顺畅的投融资渠道以促进本币的境内外流通，进而实现可在境外进行本币的结算、投资乃至作为外国储备货币的过程。人民币国际化进程对中国金融市场体系建设提出了更高要求，要使境外投资者愿意持有人民币，就必须加快中国金融市场改革，培育更多合格的市场参与主体，提供更多创新产品等以适应市场对外开放的需要。

七、可行性视角下的人民币国际化推进逻辑

第一，中国经济发展实力雄厚。国际经验表明，经济实力的强弱决定了一国货币的国际地位，也是货币国际化能否成功的基础条件。中国经过改革开放 30 多年的快速发展，经济发展水平逐渐提高，经济实力不断增强。截至 2014 年 10 月，中国经济规模已跃居世界第一，外贸总量跃居世界第一，对外直接投资世界第三。中国经济增长水平在全球独树一帜，经济实力雄厚毋庸置疑。

第二，中国国际贸易规模不断提升。根据货币国际化的基本理论，一国货币实现国际化的第一步是该货币在跨境贸易中作为计价和结算货币而流通，而国际贸易规模则是货币跨境流动的基础。中国自 2001 年加入世贸组织以来，出口量激增，目前已成为世界第一大出口国和第二大进口国，并即将成为全世界第一大贸易国。同时，作为世界经济稳定增长的重要力量，中国对世界贸易有巨大的影响力。在国际贸易规模不断扩大的同时，人民币跨境结算金额迅速扩大。

第三，中国外汇储备充足。充足的外汇储备能够为一国经济发展提供充足的对外支付能力、国际清偿力和稳定汇率的能力，能够提升国际对于一国货币的信心，从而为该国的货币国际化战略提供保障。中国作为世界上第一大债权国，外汇储备的规模十分巨大。截至 2014 年，中国的外汇储备已达 4 万亿美元，成为美国的第一大债权国。虽然这会带来维持国内经济稳定的成本提高，但是持有外汇储备为人民币带来的国际信心却是不容置疑的。

第四，人民币币值稳中有升。货币国际化首先需要币值稳定。近年来，人民币币值一直稳定并且维持升值趋势。自 2007 年汇率制度改革以来，人民币币值一直稳定并且一直处于升值趋势，2008 年金融危机之后更是如此。自 2008 年以来，人民币对美元已升值在 20%左右。考虑到国

际贸易失衡和中国经济增长趋势都不可能在短期内扭转，因此可以说人民币币值稳定且稳中有升。这种趋势代表着持有人民币可以获得稳定的收益，因而可以刺激人民币的海外需求，扩大人民币的接收范围，成为人民币国际化的另一支撑力量。

第二节　“一带一路”战略实施中人民币国际化的战略安排

根据货币国际化的理论和国际经验，相较于人民币国际化初期，未来的人民币国际化推进过程将会相对较为复杂，并非一朝一夕就能完成。因此，结合理论和现实，立足“一带一路”战略，本部分认为人民币国际化的推进战略要从“两个维度”进行思考：即基于货币职能的维度和基于货币流通范围的维度。

从货币职能维度来看，人民币国际化应遵循首先成为“媒介货币”，然后成为“计价货币”，最后成为“储备货币”的逻辑思路；从货币流通范围维度来看，人民币国际化则应当遵循首先实现“周边化”，在此基础上实现“区域化”，最后实现“国际化”这一战略安排。

一、货币职能维度

第一，人民币跨境贸易结算。从前景看，未来 5 年，人民币很有希望实现与英镑、日元的并驾齐驱（陈雨露，2014）；如果不出现重大意外，应该形成美元、欧元、人民币“三驾马车”的格局，日元、英镑将逐步让位于人民币（李稻葵，2014）。为此，人民币跨境贸易结算方面的推进战略应当是，在现有基础上积极发展离岸金融市场，扩大境外人民币资金投资渠道；建立更多的贸易结算试点，扩大以人民币作为国际贸易结算手段的范围；简化业务办理相关手续，提高人民币在“一带一路”沿线各国中的可接受程度；加大跨境资金流动的监管力度，提高统计监测水平。

第二，货币互换协议。货币互换协议可以为人民币国际化营造良好的发展氛围，促进人民币首先获得国际上的广泛认同，避免独自进行国际化可能出现的失败。因此，随着中国在国际上的政治经济地位不断提高、国内经济发展实力不断增强以及国际贸易规模不断扩大，人民币的货币互换协议将会不断扩大范围，成为"一带一路"沿线各国和地区愿意接受的货币。为此，人民币货币互换协议方面的推进战略应当是，紧紧抓住有利时机，积极创造条件，积极推进中国与更多国家开展双边或多边货币互换，为人民国际化提供更广阔的空间。

第三，离岸市场建设。在人民币跨境贸易结算和货币互换协议的推动下，人民币逐步跨出国界。同时，由于资本项目在人民币国际化初期存在严格的管制，离岸市场还未发展成熟，缺乏人民币的回流渠道等原因，人民币丧失了在境外市场参与资本市场的能力，多数以存款的形式滞留海外。倘若这种情况继续发展下去，不仅会降低国际市场对人民币的接受程度，还可能催生非法套利。因此，我国应逐渐重视离岸市场的建设。继香港之后，随着人民币交易在海外市场的扩张，新加坡、伦敦等都在争取成为人民币的第二个离岸市场。

第四，资本项目开放。从资本项目开放和人民币国际化的关系看，资本项目开放虽然不是人民币国际化的直接内容，但是，资本项目开放是否成功却影响到人民币国际化能否成功推进。因此，资本项目开放的战略就成为人民币国际化推进战略中的一个重要内容。我国资本项目的开放仅限于中长期的资本交易，这一来可以规避国际游资和短期资本大量进出对汇率、利率和金融市场的冲击，二来可以在一定程度上避免重走日元国际化过程中"再贷款游戏"的覆辙，三来可以为中国离岸市场的建设争取时间。因此，资本项目开放虽也是大势所趋，但不能急于求成，否则，冲击将会通过连锁反应，危害我国的经济发展。

第五，总体推进战略。人民币国际化战略是一个整体部署，各部分之间会产生相互影响。在"一带一路"战略实施中，推进人民币国际化基本应按照"媒介货币"→"计价货币"→"储备货币"的路径推进；具体来看就是："跨境贸易结算漏出→增加海外人民币存量→离岸市场及人民币回流渠道构建→刺激人民币需求→人民币海外循环、沉淀→成为

储备货币”。

二、流通范围维度

根据现有研究，结合国家发展与改革委员会的规划，从流通范围维度，对“一带一路”建设中人民币国际化的推进战略进行分析。

1. 人民币周边化

对于货币周边化的定义，学术界基本持一致态度，即货币周边化是指货币流通跨越国境，在原使用国的周边地区广泛流通，这是货币国际化的初级阶段。之所以出现这一趋势主要基于两个理由：其一是中国宏观经济保持高速增长增加了周边国家对人民币的信心。1997 年亚洲金融危机之后，人民币收窄波动幅度，与美元形成较为稳定的关系，因此，在区域内人民币有了“良币”形象。其二是中国的人口、资源大国优势以及地理区位优势和比较优势等，使中国与“一带一路”战略实施中各国的贸易量巨大，为人民币使用提供了前提：若使用第三国货币，如美元作为结算货币，贸易双方不仅要承担美元波动挑战，还会产生为数不小的汇兑成本，再加上边境国家大多为发展中小国，其外汇储备（尤其是美元）较为稀缺，使用人民币不仅能够降低交易成本，还能解决其“储备稀缺”之难。

2. 人民币区域化

相比于人民币周边化，人民币区域化所面临的问题要复杂得多。目前在“一带一路”战略实施中，各经济体的发展水平很不平衡，由于区域内大多是发展中国家，缺乏国际话语权和货币选择权，长期受到发达国家的“经济掠夺”，而中国作为最大的发展中国家，如果有机会成为区域内的关键货币，不仅能够大幅度地提升人民币的国际化程度以及人民币在国际舞台上的话语权，还有利于区域内其他国家的经济利益，改善“一带一路”战略各国整体的经济贸易条件，从而实现区域内整体的帕累托改进。另外，我国经济的开放程度不足，金融市场机制和金融市场本身都存在不可忽视的缺陷，以国家的名义参与区域经贸合作和各种经济、货币制度安排，人为推动人民币作为储备货币使用，不仅能够直接提升人民币国际化程度，还能反过来促进人民币作为媒介货币和计价货币的职能发挥。因此，从"一带一路"战略实施中的各国入手提升人民币职能的发挥程度成为政策的首选目标。

3. 人民币国际化

人民币国际化是一种远景规划，是在人民币区域化基础上的进一步扩展，最终使人民币成为全球范围内广泛使用的主要货币，成为国际货币体系中稳定的成员之一。在人民币国际化阶段，人民币不仅在"一带一路"战略沿线各国，而且在全球都成为主导货币之一。在世界金融市场上，可能形成美元、欧元以及人民币"三足鼎立"的新局面，即三种主要货币共同主导国际金融市场。人民币成为国际货币的重要一极，成为国际投资资产和世界大多数国家的主要储备资产。同时，中国政府在国际上将承担更大的金融稳定责任，在关键时刻承担最后贷款人的角色。在全球金融事务中，中国将有更大的发言权，更大的号召力，在全球金融市场的进一步整合中发挥更重要的作用，人民币在全球的地位将会更加稳固。从目前实际到这一远景规划的实现需要很长时间。在推进战略上，目前来说还不是很清晰，未来应该在人民币的区域化进行过程中为这最后一步打好基础，开辟新的思路。

第三节　"一带一路"战略实施中人民币国际化的推进策略

人民币国际化的最终目标是实现人民币在境外流通，在国际上发挥价值尺度、流通手段、支付手段和贮藏手段等货币职能。"一带一路"建设是新时期我国经济外交的战略重点。因此，推进人民币国际化，在战略方向上要把"一带一路"建设沿线国家和地区作为重点，在前期人民币周边化、区域化取得重大进展的基础上，按照先易后难、近远结合、统筹兼顾、循序渐进的原则，加强与"一带一路"沿线各国的货币合作，扩大人民币跨境使用，并通过沿线各国的辐射作用，实现人民币全球化布局。围绕上述战略构想，提出对策建议如下：

一、加快产业转型升级

通过产业转型升级强化人民币国际化的实体经济基础。以新一代信息技术、新能源、新材料为战略重点，加大科技创新投入和政策扶持力度，加快培育先导性、支柱性、国际化的新兴产业，提升实体经济的科技含量，形成新的贸易竞争优势。创新金融与科技、产业融合的模式，搭建多层次的产融对接平台，运用定向降息、定向降准和支小再贷款等结构性货币政策工具，引导金融资源流向战略性新兴产业，为做优做强实体经济营造良好的金融环境。

二、加大贸易往来规模

以"一带一路"为契机，推动中国与沿线国家贸易往来使用人民币。我国与"一带一路"建设沿线的东南亚、中东多个国家进出口贸易常年存在逆差。国际贸易总体上是买方市场，进口方在选择贸易结算和计价货币方面通常处于主动地位。扩大与"一带一路"沿线国家贸易以人民币结算和计价，是大有可为的。为此，要依托我国作为国际大宗商品主要进口国的地位，加强与"一带一路"沿线有关国家的协商，推动铁矿石、农产品等大宗商品进口贸易采用人民币结算和计价。要引导国内政策性银行、商业银行为"一带一路"沿线国家贸易商提供贸易融资，运用信贷杠杆促进跨境贸易人民币结算和计价。要借助部分产油国"去美元化"的契机，推动与中东国家的石油贸易采用本币计价、结算，加快建立"石油人民币"体系。

三、拓宽人民币适用范围

推动与"一带一路"沿线国家跨境人民币投融资，拓宽人民币跨境资本流动通道。鼓励境内机构和企业在新加坡、伦敦、吉隆坡、迪拜等人民币离岸中心发行人民币计价的股票、债券等金融产品，从境外募集成本较低的人民币资金，用于国内重大基础设施建设和新兴产业发展，为国内经济结构调整和产业转型升级提供支持。进一步扩大银行间债券市场对“一带一路”沿线国家的开放，允许更多的境外中央银行、商业银行、保险公司、证券公司和基金管理公司等进入银行间债券市场投资。鼓励境内企业在“一带一路”沿线国家开展人民币跨境直接投资，鼓励境内银行为双边、多边重大项目提供人民币贷款，并利用境外分支机构网络为“走出去”的中资企业提供跟随式金融服务，通过企业和金融机构“走出去”带动人民币“走出去”。推动“一带一路”沿线国家发行以人民币计价的主权债券，募集境外人民币资金用作官方外汇储备，提升人民币作为国际储备货币的地位。

四、加快离岸金融中心建设

支持“一带一路”建设沿线国家人民币离岸中心建设，促进人民币在岸市场与离岸市场互动。一方面，要支持“一带一路”沿线国家人民币离岸中心扩大市场规模。支持各人民币离岸中心创新人民币债券、股票和其他金融工具的发行和交易机制，搭建离岸人民币债券、股票、期货、黄金等金融市场交易平台。引导当地中资金融机构积极设计和开发人民币新产品，促使离岸人民币金融产品序列更加丰富、服务更加完善、交易更加活跃。另一方面，要促进在岸人民币市场与“一带一路”沿线国家人民币离岸市场的互动发展。逐步扩大 RQFII 业务范围，推动 RQDII 业务开展，引导中资金融机构开发境内外联动的人民币金融产品，促进人民币在岸和离岸市场有序、可控地双向联通。

五、促进互联互通

加强与“一带一路”沿线国家金融基建领域的合作，推进人民币跨境使用基础设施互联互通。加快推进人民币跨境支付系统建设，争取与更多的“一带一路”沿线国家建立跨境人民币清算安排，提高人民币跨境清算效率和交易安全性，降低人民币跨境交易的成本。加快建立与“一带一路”沿线国家的人民币现钞跨境调运机制，以广州作为跨境人民币现钞生产、调运的起点和枢纽，增强人民币现金的境外投放能力。

第四节　本章小结

人民币国际化是中国对外开放战略中的重要组成部分，自2009年以来进程不断加快。特别是自“一带一路”战略推出以来，人民币国际化的进程更快。在这种背景下，“一带一路”战略既为人民币国际化提供了历史机遇，也对人民币提出了一系列挑战。作为中国的主权货币，人民币国际化在中国与欧亚金融合作中发挥着非常重要的作用。

人民币国际化，即人民币被中国之外的国家、机构以及个人使用，并作为计价手段、支付手段和储藏手段的过程。以上过程越深入，人民币的国际化程度越高。人民币国际化的推进战略本身就是一个极度复杂且极富变化的战略安排，细节上颇具“趁机而上”“相机抉择”的意思。结合理论和现实，人民币国际化的推进应从货币职能维度和货币流通范围维度理解。

在区域货币竞争条件下人民币国际化在区域金融合作中具有竞争优势，即随着经济交往的频繁，金融合作的加深，欧亚经济体之间对于“媒介货币”的需求将逐渐加大。在这一区域间的货币竞争市场中，由于我国的经济发展实力雄厚、国际贸易规模颇具影响力、外汇储备充足、人民币汇率稳定、人口红利等优势，人民币在区域金融合作中占有绝对优势。

人民币国际化在欧亚金融合作中前景广阔。人民币在欧亚金融合作中目前进展顺利，渗透领域广阔；从今后看，“丝路基金”与“亚投行”有利于人民币从结算货币迈向投资货币。从人民币国际化的流通区域维度来看，新的欧亚金融合作是从基础设施建设展开，以欧亚主要是亚洲经济体之间的互联互通为目的建立的合作关系。

第九章 结论与展望

随着“一带一路”战略从提出到进入实质性实施阶段，中国和丝绸之路沿线国家和地区的经济与金融合作已经取得了很大成绩。在“一带一路”战略实施中，中国与丝绸之路国家间进行的金融合作将会为“一带一路”建设提供更广阔的作用空间。借助“一带一路”战略实施，中国经济金融发展战略由原来的向东看转变为在向东看的同时向西挺进，加大欧亚经济金融合作，对“一带一路”战略的顺利实施，进而实现中国经济金融的深化，保持中国经济持续健康发展具有非常重要的战略意义。在这种历史背景下，本书对中国与欧亚金融合作的基础条件、合作现状、面临的机遇和挑战、战略构想等进行了研究，提出了加强中国与欧亚地区金融合作的战略构想和实施措施。

第一节 研究结论

本书通过对中国与欧亚金融合作的历史背景、存在问题以及未来合作空间进行系统分析，共得出以下结论：

一、中国与欧亚金融合作是国际形势变化和我国对外开放的客观要求

为了应对日益复杂的外部环境，亚欧各国必须进一步加强金融合作，推动区域性和国际性的金融体系改革，才能摆脱金融危机后的经济低迷状态，才能更加有效的防范未知的经济、金融等方面的威胁，从而加速本地区和本国的经济发展，更好地融入经济全球化的大潮中，真正成为

世界经济发展板块的另一极。同时，目前欧亚地区的经济合作多是功能性的、非制度化的、松散的合作，虽然取得了一定的成果，但是与世界上其他地区的区域经济发展相比，欧亚地区金融合作没有固定的模式可以效仿，既不是军事同盟，也不是集体安全组织，更不是一个经济一体化集团，贸易合作多于金融合作。这导致只能带来贸易中心城市的发展，无法促进地区经济全面均衡发展。“一带一路”战略推出后，通过整合金融资源，深化金融领域合作，尤其是金融机构的合作和金融体系的互相交流，可以构建更多更大的合作平台，从而使资源的功能放大，达到互利共赢。在国际经济形势复杂多变的今天，实体经济的发展固然重要，但是使资金融通于各个行业，充分发挥资金使用价值的金融行业也发挥着越来越重要的作用。欧亚各国已经意识到金融合作的重要性，并将金融合作作为未来合作的重点。

二、中国与欧亚金融合作具有可行性

一般情况下，区域金融合作应当符合三个条件：一是合作区域相互毗邻，且处于龙头地位的金融核心区要有足够的吸引力、辐射力和增长力；二是各地区之间经济金融发展具有一定的梯度性，资源优势互补；三是必须形成利益共享、成果多赢的共生型协作机制。从地理区位看，欧亚地区地理位置优越，各国区域特征明显，自然资源丰富，经济增长迅速，市场容量巨大，优势互补，经济充满活力，在世界经济中占有举足轻重的地位。欧亚金融合作可以通过“一带一路”建设推动亚欧互联互通，并辐射至非洲等地。处于龙头地位的核心区是俄罗斯和中国经济圈，该经济中心无论现在还是将来对周边来说都有着极大的吸引力、辐射力和增长力。从资源禀赋来看，欧亚经济区各国之间资源禀赋条件的差异明显，互补较强，为经济、金融、能源、贸易等合作奠定了良好的基础；欧亚经济区必须充分发掘和利用区内资源禀赋条件的这种差异和比较优势，寻找合作的契机，实现共同发展。在欧亚合作的国家中，大多是新兴经济体和发展中国家，这些区域有广阔的基础建设的空间，和中国产能过剩的情况形成互补。未来这些国家的固定资本形成无论从绝

对规模和比率来看，都有巨大的再推进过程。

三、中国与欧亚金融合作具有广阔空间

尽管中国与欧亚金融合作目前还存在一系列问题，如，缺乏总体的框架安排、缺乏有效的金融服务形式、金融管理体制和监管存在差异、跨境金融合作层次较低且集中度较高、文化差异、经济发展和社会稳定之间存在矛盾等。但是，随着近年来欧亚经济合作的不断加深，特别是“一带一路”战略的实质性实施，欧亚金融合作的空间正在不断加大：如金融合作机制日趋完善、金融合作内容不断拓展、金融机构不断拓展海外市场等。目前面临的机遇主要有：贸易合作不断深化是金融合作的坚实经济基础、良好的外部环境有利于金融合作的顺利开展、友好的合作关系为金融合作提供了良好政治基础、合作交流平台的建立为金融合作提供了交流渠道、金融合作体系日趋完善为深化合作积累了经验、货币的多元化需求是深化金融合作的催化剂。

四、中国与欧亚金融合作面临一系列挑战

尽管中国与欧亚各国的金融合作具有广阔前景，但由于各种复杂因素的相互影响，中国与欧亚各国的金融合作仍然面临一系列挑战。如，各国经济金融发展水平不均衡，由于历史、政治、文化等各方面原因，在经济发展水平、经济结构等方面存在较大差别，各国间合作处于发展阶段，资本、信息、技术、劳动力等要素相互流动还不是很频繁。区域内各国的金融开放程度差异比较大，许多国家金融业发展相对滞后，金融机构的信誉级别较低，各国之间资金流动存在限制，制约金融合作深入开展。与这些国家开展经济金融合作，既要注重开发性投资的特点，同时也要避免陷入简单“扶贫”的困境；复杂的地区安全环境阻碍金融合作的开展，中亚国家民族问题比较复杂，政局动荡，经济也正处在转型阶段，一定程度上影响与我国的互动合作。中亚区域是安全问题多发区，民族、宗教、领土纠纷、资源争夺、毒品、有组织犯罪等问题引起的传统安全与非传统安全威胁层出不穷，各国政治局势在保持整体稳定

的同时仍存在不安定因素，不时爆发社会动荡事件；国际政治博弈加剧了金融合作的难度，作为“丝绸之路经济带”核心的中亚五国牵扯多个地缘政治势力范围。俄罗斯凭借地缘优势和传统影响力，与中亚国家在经济、军事、外交等方面存在密切联系。随着俄罗斯经济实力的增长以及政治态度日趋强硬，其在中亚地区的地位和影响力将得到巩固。美国也积极开拓与中亚的经贸合作空间，包括进行经济援助、开展能源合作、发展贸易和投资。中亚地区在美国全球战略安排中仍然被看作关系到美国国家利益的地区。

五、应当借鉴国际区域金融合作的经验

在经济全球化条件下，各经济区域如雨后春笋般建立，旨在建立货币联盟、实现区域经济一体化。加强中国与欧亚金融合作，应当做到：确立合作的理念和轴心，在一个金融合作的区域中必须有两个或两个以上核心大国的倡导、推动，区域合作才能成功。而如果只有一个核心大国，缺乏其他大国制衡，也容易造成合作组织为一个大国服务的局面；适当选择利益切合点，欧亚国家之间只有形成强大的利益交汇点，充分发挥各自的政治经济智慧，才有可能实现富有成效的合作；应在促进金融合作机制化建设的同时，建立有效的区域金融合作制度约束。

六、中国与欧亚金融合作要有战略构想

为了使中国与欧亚国家之间长久稳定的金融合作机制不落空，今后要进一步研究我国如何深化与欧亚国家的金融合作，采取必要的措施加强后金融危机时期我国与欧亚各国的金融合作。从目标、原则、途径、内容与措施五个角度进行战略构想。从目标看：应为开展交流对话，增进相互信任；确定优先领域，开展务实合作；坚持对外开放，拓宽合作领域；注重合作实效，实现持续发展。从原则看：应为互利共赢、共同发展，构建多层次多功能的合作机构。从途径看：应为途径为：拓展金融媒介宽度，发挥市场调节作用。主要包括：金融市场方面的合作；金融机构之间的合作；金融公共设施建设的合作；区域金融稳定体系的合

作。从内容看：应为在“平等、互惠、自愿、双赢”的原则下，让各成员国从双边、三边合作入手，渐进式的整合区域比较优势，进而发展到多边及更广泛的合作，促进金融合作。从措施看：应为金融市场合作建立欧亚金融合作平台；为金融创新合作设立欧亚合作发展基金；为金融机构合作成立次区域级的商业银行——欧亚开发银行；为金融法律合作出台欧亚金融法；为金融技术合作建立金融技术型平台，加强保险证券互溶；为金融稳定合作建立以人民币为核心的目标汇率区等。

七、人民币国际化在欧亚金融合作中具有重要作用

“一带一路”是中国的倡议，但能不能在“一带一路”上形成合作模式，这还需要探讨。其中一个很重要的概念就是货币的合作，人民币国际化为“一带一路”的合作共赢创造了一个新的契机。它打造了一个金融服务网络，形成了一系列区域的金融合作机制，而这也必将把人民币国际化推向一个新的阶段。尤其是“一带一路”基础设施的合作需要长期资本的服务，这也就意味着人民币在资本项下开始输出。今后我国在调控人民币流通方向时要多考虑国外市场，预计未来几年人民币走出去的量会越来越大。可见，人民币国际化为“一带一路”建设注入新动力的同时，也被“一带一路”赋予了新支点和新机遇。在我国改革开放的新战略下，人民币国际化作为对外开放战略的重要组成部分，必将发挥着越来越重要的作用。人民币国际化的推进路径应当改变过去的向东看，改为在向东看的同时，更应关注人民币国际化的向西推进。

第二节　研究展望

尽管本书基于“一带一路”的大背景，对中国与欧亚金融合作的条件、必要性、可行性、机遇、挑战、前景等进行了较为系统的研究，但是由于各种主客观的原因，本书的研究还谈不上深入。如由于客观条件的限制，我们没有对欧业经济区域中的重点国家和地区进行实地调研，这样，所搜集的数据就不是一手资料，由此得出的结论也有可能不甚科

学甚至武断。另外，欧亚金融合作是建立在经济合作基础上的，而欧亚经济合作因为各种主客观原因的限制，合作的基础较差，密切程度不够，这样，金融合作也仅是浅层次的、初步的，基于金融自由化、金融创新的金融合作几乎没有。在这种情况下，要将问题研究透也不容易。

从今后看，随着欧亚经济合作不断加强，特别是中国推出"一带一路"后欧亚政治、经济、文化等合作领域不断拓宽，中国与欧亚金融合作的领域也将不断拓宽，我们将在现有研究的基础上，在力所能及的条件下开展进一步的研究，以弥补本书研究的不足，完善本书的研究内容。

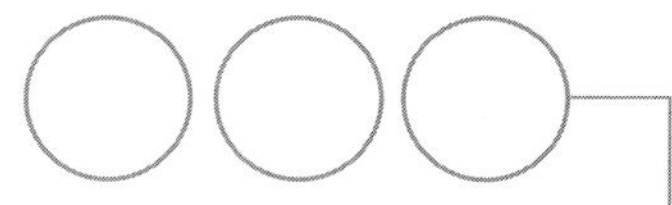

参考文献

[1] 屠年松，朱雁春. 全球金融危机后中国与东盟金融合作再思考［J］. 经济问题探索，2010，09：115－119.

[2] 徐中亚，董倩倩. 中国—东盟金融合作：现状、问题与对策［J］. 经济研究导刊，2010，26：164－166.

[3] 魏东赞，胡江龙，李军. 新疆与中亚国家的金融合作研究［J］. 金融发展评论，2013，12：91－101.

[4] 易诚. 进一步加强与"一带一路"国家的金融合作［J］. 甘肃金融，2014（4）：10－13.

[5] 聂勇，彭文文. 中国—东盟金融合作研究：一个文献综述［J］. 武汉金融，2014，04：37，58－61.

[6] 李艳敏. 中国与中亚国家金融合作的现状及展望［J］. 青海金融，2014，08：12－15.

[7] 李翠花. 中国（新疆）与中亚五国区域金融合作研究［D］. 新疆财经大学，2013.

[8] 蒋刚林. 中国东盟区域金融合作问题研究［D］. 新疆财经大学，2013.

[9] 秦珊珊. 中国与哈萨克斯坦金融合作研究［D］. 华东师范大学，2013.

[10] 金钢，刘聪，刘忠超. 中国—东盟金融合作进展、问题及对策［J］. 时代金融，2013，08：6－7.

[11] 李珂. 中国与东盟区域金融合作研究［D］. 昆明理工大学，2006.

[12] 马兆蔚. 北部湾（广西）经济区金融合作问题研究［D］. 中南民族大学，2009.

[13] 贾国飞. 中国（新疆）与中亚五国的区域金融合作研究［D］. 新疆大学，2011.

[14] 谢彩. 泛北部湾区域金融合作研究［D］. 中央民族大学，2011.

[15] 何剑，陈文新. 中国新疆与中亚国家区域金融合作问题探析 [J]. 俄罗斯中亚东欧市场，2009，03：33-37.

[16] 刘洋. 基于泛北部湾经济合作区的广西主导产业选择 [D]. 广西师范大学，2008.

[17] 谢丽霜，谢彩. 泛北部湾区域金融合作抑制因素分析 [J]. 区域金融研究，2012，02：45-49.

[18] 吴世韶. 中国与东南亚国家间次区域经济合作研究 [D]. 华中师范大学，2011.

[19] 李新. 人民币国际化：上海合作组织的金融合作 [J]. 学习与探索，2011，01：158-161.

[20] 李新. “上合”组织经济合作十年：成就、挑战与前景 [J]. 现代国际关系，2011，09：9-15.

[21] 李子先，孙文娟，何伦志. 推动“上合组织”区域经济一体化，夯实“丝绸之路经济带”基础 [J]. 开发研究，2014，01：59-62.

[22] 徐奇渊. 促成上合组织框架下的经济金融合作 [J]. 中国国情国力，2014，05：69-71.

[23] 桑百川，刘洋，郑伟. 金砖国家金融合作：现状、问题及前景展望 [J]. 国际贸易，2012，12：32—34，44.

[24] 王志远，石岚. 上海合作组织经济合作的主要障碍与对策分析 [J]. 新疆师范大学学报：哲学社会科学版，2013，06：44-50.

[25] 李富有，于静. 欧洲模式借鉴：东亚货币合作的路径选择与政策协调 [J]. 当代经济科学，2004，02：49—54，95.

[26] 程云洁. “丝绸之路经济带”建设给我国对外贸易带来的新机遇与挑战 [J]. 经济纵横，2014，(6)：92-96.

[27] 郭田勇，李琼. “新丝绸之路”的经贸金融战略意义 [J]. 人民论坛·学术前沿，2014，(4)：64-70.

[28] 蒋志刚. “一带一路”建设中的金融支持主导作用 [J]. 国际经济合作，2014，(9)：59-62.

[29] 邢辉，李泽华. 加强中国（新疆）对外金融合作，共建“丝绸之路经济带” [J]. 金融发展评论，2014，(3)：115-119.

[30] 易诚. 进一步加强与“一带一路”国家的金融合作 [J]. 甘肃金融，2014，

(4)：10－13.

[31] 惠宁，杨世迪．丝绸之路经济带的内涵界定、合作内容及实现路径［J］．延安大学学报：社会科学版，2014，36（4）：60－66.

[32] 王海运，赵常庆，李建民．“丝绸之路经济带”构想的背景、潜在挑战和未来走势［J］．俄罗斯中亚东欧市场，2014，(4)：5－58.

[33] 马广奇，王巧巧．丝绸之路经济带金融合作瓶颈与发展建议［J］．商业时代，2015，(1)：108－109.

[34] 姚德权，黄学军．我国与丝绸之路经济带国家的金融合作：现状、挑战与前景展望［J］．国际贸易，2014，(10)：37－41.

[35] 何茂春，张冀兵．新丝绸之路经济带的国家战略分析——中国的历史机遇、潜在挑战与应对策略［J］．人民论坛·学术前沿，2013，(23)：6－13.

[36] 袁丽君，高志刚．依托“跨国丝绸之路”加强区域经济合作［J］．开发研究，2014，(1)：55－58.

[37] 杨恕，王术森．丝绸之路经济带：战略构想及其挑战［J］．兰州大学学报：社会科学版，2014，(1)：23－30.

[38] 宋海洋．试论“丝绸之路经济带”建设在中亚地区面临的挑战及其路径［J］．江南社会学院学报，2015，(1).

[39] 马莉莉，张亚斌，王瑞．丝绸之路经济带：一个文献综述［J］．西安财经学院学报，2014，(4)：63－69.

[40]“丝绸之路经济带”的陕西担当——访西安市副市长、西安国际港务区党工委书记韩松．西部大开发［J］，2013. 12

[41] 亚当·斯密．国民财富的性质和原因的研究（上卷）［M］．北京：商务印书馆，1972.

[42] 大卫·李嘉图．政治经济学及赋税原理［M］．北京：商务印书馆，1976.

[43] 谭崇台．发展经济学概论［M］．武汉：武汉大学出版社，2001：4，37－38.

[44] 陈秀山，石碧华．区域经济均衡与非均衡发展理论［J］．教学与研究，2000，(10)：12－18.

[45] 黎鹏．CAFAT背景下中国西南边境跨国区域的合作开发研究［D］．东北师范大学，2006.

[46] 陈秀山，张可云．区域经济理论［M］．北京：商务印书馆，2003：333－339.

[47] Paul M. Sweezy. More (or Less) On Globalization [J]. Montbly Review,

1997，(9)．

[48] 贡德·弗兰克．白银资本：重视经济全球化中的东方 [M]．北京：中央编译出版社，2000：22-26.

[49] 吴兴南，林善炜．全球化与未来中国 [M]．北京：中国社会科学出版社，2002：1.

[50] 胡鞍钢．全球化挑战中国 [M]．北京：北京大学出版社，2002：15.

[51] 世界环境与发展委员会．我们共同的未来 [M]．长春：吉林人民出版社，1997：5.

[52] 阿兰·鲁格曼．全球化的终结 [M]．北京：三联书店，2001：1-22.

[53] 刘力、章彰．经济全球化：福兮？祸兮 [M]．北京：中国社会出版社，1999：2.

[54] 刘耘．关于对经济全球化的理论认识及有关思考 [J]．江西社会科学，2001，(10)：111-113.

[55] 货币基金组织．世界经济展望 [M]．北京：中国金融出版社，1997：45.

[56] 林水源．论经济全球化 [J]．太平洋学报，2002，2：19-27.

[57] 徐松．制约经济全球化进程的十大因素 [J]．世界经济与政治，2002，9：61-65.

[58] 龙永图．经济全球化 [M]．北京：中国社会出版社，1999：2-3.

[59] 宋玉华．开放的地区主义与亚太经济合作组织 [M]．北京：商务印书馆，2001：2，23，29.

[60] 世界经济百科全书 [Z]．北京：中国大百科全书出版社，1987：258.

[61] Balassa Bela. The theory of economic integration [M]. London: Allen&Umvin，1962：1，1-20.

[62] 迈克尔·托达罗．经济发展与第三世界 [M]．北京：中国经济出版社，1992：408.

[63] 王瑛．区域经济一体化发展的驱动机制分析 [J]．企业经济，2005．4：144-145.

[64] 苗东升．系统科学论 [J]．系统辩证学学报，1998，10：7-15.

[65] 乌杰．系统科学方法论与科学发展观 [J]．系统辩证学学报，2005，7：1-12.

[66] 谷国锋．区域经济发展的动力系统研究 [D]．东北师范大学，2005：26-

27，29.

[67] 冯宗宪. 中国向欧亚大陆延伸的战略动脉——丝绸之路经济带的区域、线路划分和功能详解 [J]. 人民论坛·学术前沿，2014，(44).

[68] Ferdinand von Richthofen. China：The Results of My Travels and the Studies Based Thereon [M]. [S. L.]. 1877.

[69] 朱显平，邹向阳. 中国—中亚新丝绸之路经济发展带构想 [J]. 东北亚论坛，2006，(5).

[70] 江泽民. 扎扎实实搞好西部大开发这项世纪工程 [M] //江泽民. 江泽民文选：第三卷. 北京：人民出版社，2006：57.

[71] 新华网. 胡锦涛强调把区域协调发展摆在更加重要位置：胡锦涛在中共中央政治局第三十九次集体学习时讲话 [EB/OL]. (2007—02—16) [2015—05—25]. http：//news. xinhuanet. com/politics/2007 — 02/16/content _ 5748449. htm.

[72] 新华网. 习近平在周边外交工作座谈会上发表重要讲话 [EB/OL]. (2013—10—25) [2015—05—25]. http：//xinhuanet. com/politics/2013—10/25/c _ 117878897. htm.

[73] 马伟，鄢一龙. "丝绸之路经济带"：战略内涵、定位和实现路径胡鞍钢 [J]. 新疆师范大学学报，2014，04.

[74] 赵华胜. "丝绸之路经济带"的关注点及切入点 [J]. 新疆师范大学学报：哲学社会科学版，2014，06.

[75] 霍建国. 共建丝绸之路经济带与向西开放战略选择 [J]. 国际经济合作，2014，01.

[76] 郭田勇. "新丝绸之路"的经贸金融战略意义 [J]. 人民论坛·学术前沿，2014，02.

[77] 郑云峰. "丝绸之路"经济带助推人民币国际化 [J]. 现代经济信息，2014，02.

[78] 周恩鸿. 对欧亚区域金融合作的主要构想 [J]. 观察与思考，2006，03.

[79] 朱苏荣. 丝绸之路经济带的金融支持 [J]. 中国金融，2013，12.

[80] 徐奇渊. 促成上合组织框架下的经济金融合作 [J]. 中国国情国力，2014，05.

[81] 姚德全. 我国与丝绸之路经济带国家的金融合作、现状、挑战与前景展望

[J]. 国际贸易，2014，10：37-41.

[82] 厉无畏，许平. 丝绸之路经济带上的金融合作与创新 [J]. 毛泽东邓小平论研理究，2014，10：61-65.

[83] 易诚. 进一步加强与"一带一路"国家的金融合作 [J]. 甘肃金融，2014，04：02-08.

[84] 邢辉，李泽华. 加强中国（新疆）对外金融合作，共建"丝绸之路经济带" [J]. 金融发展评论，2014，03：115-119.

[85] 周立伟. 丝绸之路"未央"——西安市丝绸之路金融专项规划摘选 [J]. 纺织科学研究，2014，09：48-49.

[86] 胡鞍钢，马伟，鄢一龙. "丝绸之路经济带"：战略内涵、定位和实现路径 [J]. 新疆师范大学学报：哲学社会科学版，2014，02：01-10.

[87] Triffin, Robert. Gold and the Dollar Crisis [M]. New Haven: Yale University Press, 1961.

[88] C. FredBergsten. Dilemmas of The Dollar-The Economics and Politics of United States International Monetary Policy [M]. New York: New York University Press, 1975: 204-215.

[89] Jeffrey A Frankel. The Japanese Cost of Finance: A Survey [J]. Financial Management, 1991, 20 (1).

[90] Tavals, George S. Internationalization of Currencies: The Case of the US Dollar and Its Challenger Euro [J]. The International Executive, 1998: 581.

[91] Fujiki, Hiroshi and Otani, Akira. Do Currency Regimes Matter in the 21st Century? An Overview, Monetary and Economic Studies, Institute for Monetary and Economic Studies [J]. Bank of Japan, 2002, 20 (S1): 47-79.

[92] Menzie Chinn, Jeffrey Frankel. Will the Euro Eventually Surpass the Dollar as Leading International Reserve Currency? [R]. Presented at NBER conference on G7 Current Account Imbalances: Sustainability and Adjustment Newport, 2005.

[93] Stiglitz Joseph E. Capital Market Liberalization and Exchange Rate Regimes: Risk without Reward [J]. The Annals of the American Academy of Political and Social Science, 2002, 579: 219-248.

[94] Yung Chul Park, Kwanho Shin. Internationalization of Currency in East Asia:

Implications for Regional Monetary and Financial Cooperation [C]. BOK- BIS Seminar on currency internationalization. [S. L.], 2009: 9 - 16.

[95] Masayuki Tadokoro. After Dollar? [J]. International Relations of the Asia-Pacific, 2010, 10: 415 - 440.

[96] Faisal Ahmed, Shengzu Wang. Internationalization of Emerging Market Currencies——A Balance Between Risks and Rewards [J]. University of California Press, 2013, 53: 348 - 368.

[97] Tomoyuki NAKAGAWA. Internationalization of the Renminbi and Its Impact on East Asia [J]. Institute for International Policy Studies Paper E, 2004, 302.

[98] Olaf STIER, Kerstin BERNOTH, Alexander FISHER. Internationalization of the Chinese Renminbi: an Opportunity for China [J]. Weekly Report, 2008, (17): 126 - 132.

[99] Seung-Jung PARK, Duk-Woo PARK, Young-Hak KIM, Soo-Jin KANG, Seung-Whan LEE, Cheol Whan LEE, Ki-Hoon HAN, Seong-Wook PARK, Sung-Chcol YUN, Sang Gon LEE. Duration of Dual Antiplatelet Therapy after Implantation of Drug-eluting Stents [J]. New England Journal of Medicine, 2010, 362.

[100] 王元龙. 关于人民币国际化的若干问题研究 [J]. 财贸经济, 2009, (7): 16 - 22.

[101] 黄梅波, 熊爱宗. 论人民币国际化的空间和机遇 [J]. 上海财经大学学报: 哲学社会科学版, 2009, 11 (2): 67 - 75.

[102] 黄亭亭. 人民币国际化基本条件分析: 基于风险和责任角度 [J]. 上海金融, 2009, 4: 56 - 58.

[103] 陈中伟, 汪海涛. 近三十年来国际金融危机的影响与对策 [J]. 商业时代, 2010, (32): 62 - 63.

[104] 杜长江, 刘俊民. 人民币国际化的基础条件以及风险探析 [J]. 理论学刊, 2010, 2: 44 - 47.

[105] 张肃. 人民币国际化的障碍及突破 [J]. 经济纵横, 2011, (7): 78 - 80.

[106] 沈悦, 董鹏刚, 李善燊. 人民币国际化的金融风险预警体系研究 [J]. 经济纵横, 2013, (8): 88 - 93.

[107] 李晓，李俊久，丁一兵. 论人民币的亚洲化 [J]. 世界经济，2004，(2)：21-35.

[108] 钟伟. 略论人民币的国际化进程 [J]. 世界经济，2002，(3)：56-59.

[109] 黄达. 人民币的风云际会：挑战与机遇 [J]. 经济研究，2004，(7)：4-8.

[110] 李永宁，郑润祥，等. 超主权货币、多元货币体系、人民币国际化和中国核心利益 [J]. 国际金融研究，2010，7：30-42.

[111] 裴长洪. 国际货币体系改革与人民币国际地位 [J]. 国际贸易，2010，6：27-33.

[112] Bilson JFO. Leading Indicators of Currency Devaluations [J]. Columbia Journal of World Business，1979，14 (12)：62-76.

[113] Amemiya T. Qualitative Response Models：A Survey [J]. Journal of Economic Literature，1981，19 (4)：1483-1536.

[114] Stock JH，Watson MW. New Indexes of Coincident and Leading Economic Indicators [M]. Cambridge：MIT Press，1989.

[115] Diebold F，Rudebusch G. Scoring the Leading Indicators [J]. Journal of Business，1989，62 (3)：369-391.

[116] Chamberlain G. Analysis of Covariance With Qualitative Data [J]. The Review of Economic Studies，1980，XLVII (1) (146)：225-238.

[117] Velasco A. Financial Crises and Balance of Payments Crises：A Simple Model of the Southern Cone Experience [J]. Journal of Development Economics，1987，27 (1—2)：263-283.

[118] Galbis V. High Real Interest Rates Under Financial Liberalization：Is There a Problem? [EB/OL]. IMF Working Paper，Available at SSRN，1993—01. http：//ssrn. com/abstract=883422.

[119] Stock JH. Intermediation and the Business Cycle Under a Specie Standard：The Role of the Gold Standard in English Financial Crises，1790-1850 [M]. Mimeo：University of Chicago，1994.

[120] Frankel JA，Rose AK. Currency Crises in Emerging Markets：An FR Pirical Treatment [J]. Journal of International Economics，1996，41 (3—4)：351-366.

[121] Sachs J.，A. Tornell & A. Velasco. Financial Crises in Emerging Markets

[J]. Brookings Papers on Economic Activity, 1996, (01): 147 - 215.

[122] Kaminsky GL. Currency and Banking Crises: The Early Warnings of Distress [EB/OL]. [December 1999]. IMF Working Paper No. 99/178.

[123] Nag A, Mitra A. Neural Networks and Early Warning Indicators of Currency Crisis [R]. Reserve Bank of India Occasional Papers. 1999, 20 (2): 183 - 222.

[124] Kumar RP, Ravi V. Bankruptcy prediction in banks and firms via statistical and intelligent techniques — A review [J]. European Journal of Operational Research, 2007, 180 (1): 1 - 28.

[125] Ravi V, Pramodh C. Threshold accepting trained principal component neural network and feature subset selection: Application to bankruptcy prediction in banks [J]. Applied Soft Computing, 2008, 8 (4): 1539 - 1548.

[126] Blejer MI, Schumacher LB, Reinhart CM. Central Bank Vulnerability and the Credibility of Commitments: A Value at Risk Approach to Currency Crises [EB/OL]. [1998]. IMF Working Paper No. 98/65.

[127] Fratzscher M. What Causes Currency Crises: Sunspots, Contagion or Fundamentals? [R]. European University Institute Department of Economics, EIU Working Paper, 1999: 9939.

[128] Jeanne O, Masson P. Currency Crises, Sunspots and Markov Switching Regimes [J]. Journal of International Economics, 2000, 50: 327 - 350.

[129] Martinez P, Maria S. A Regime Switching Approach to Studying Speculative Attacks: A Focus on EMS Crises [J]. FR Pirical Economics, 2002, 27 (2): 229 - 334.

[130] Abiad A. Early Warning Systems: A Survey and a Regime Switching Approach [EB/OL]. [February 1999]. IMF Working Paper No. 03/32.

[131] Berg A, Pattillo C. Are Currency Crises Predictable? A Test [J]. International Monetary Fund Staff Papers, 1999a, 46 (2): 107 - 138.

[132] Kamin SB, Schindler JW, Samuel SL. The Contributions of Domestic and External Factors to Emerging Market Devaluation Crises: An Early Warning Systems Approach [EB/OL]. [September 2001]. Board of Governors of the Federal Reserve System, International Finance Discussion Paper NO. 711.

[133] Brüggemann A, Linne T. Bank of Finland. Are the Central and Eastern European transition countries still vulnerable to a financial crisis? Results from the signals approach [EB/OL]. [May 2002]. BOFIT Discussion Paper No. 5/2002. Available at SSRN: http: // ssrn. com/abstract=1015699.

[134] Hardy DC, Pazarbasioglu C. Leading indicators of banking crises: Futher evidence [J]. International Monetary Fund Staff Papers, 1999, 46 (3): 274-258.

[135] Bussiere M, Fratzscher M. Towards a New Early Warning System of Financial Crises [EB/OL]. [May 2002]. ECB Working Paper No. 145, Available at SSRN: http: // ssrn. com/abstract=357482.

[136] Ciarlone A, Trebeschi G. Designing an early warning system for debt crises [J]. Emerging Markets Review, 2005, 6 (4): 376-395.

[137] Eliasson AC, Kreuter C. On currency crisis: A continuous crisis definition [EB/OL]. Conference paper of " X International 'Tor Vergata' Conference on Banking and Finance, December 2001 ". [2001—12].

[138] Kumar M, Moorthy U, Perraudin W. Predicting emerging market crash [J]. Journal of FR Pirical Finance, 2003, 10 (4): 427-454.

[139] Vlaar PJG. Currency Crises Models for Emerging Markets [R]. De Nederlandsche Bank Staff Report NO. 45, 2000.

[140] Burkart O, Coudert V. Leading Indicators of Currency Crises for Emerging Countries [J]. Emerging Markets Review, 2002, 3 (2): 107-133.

[141] Zhang ZW. Speculative Attacks in the Asian Crises [R]. IMF Working Paper NO. 01189, 2001.

[142] Collins SM. A Model of the Timing of Currency Crises [R]. Georgetown University Unpublished Manuscript, 2001.